ACTE III, 2me TABLEAU, SCÈNE III.

LES BOHÉMIENS DE PARIS,

DRAME EN CINQ ACTES ET HUIT TABLEAUX.

PAR MM. ADOLPHE D'ENNERY ET GRANGÉ,

REPRÉSENTÉ, POUR LA PREMIÈRE FOIS, A PARIS, SUR LE THÉÂTRE DE L'AMBIGU-COMIQUE, LE 27 SEPTEMBRE 1843.

PERSONNAGES.	ACTEURS.	PERSONNAGES.	ACTEURS.
MONTORGUEIL	MM. CHILLY.	UN GARÇON DE CAFÉ	MM. BERTHOLET.
CHARLES DIDIER	ALBERT.	PREMIER OUVRIER	ALEXANDRE.
PAUL DIDIER	LACRESSONNIÈRE.	DEUXIÈME OUVRIER	SAINT-ACHEUL.
CRÈVECOEUR	MATIS.	TROISIÈME-OUVRIER	ROCHEUX.
DESROSIERS	CULLIER.	UN GARÇON DE BILLARD.	Idem.
DIGONARD	COQUET.	UN CAPORAL	PRÉVOT.
BAGNOLET	PHILIPPE.	LOUISE	Mmes DESLANDES.
CHALUMEAU	LAURENT	ARTHÉMISE.	HORTENSE JOUVÉ.
POPLARD	PROSPER.	UNE SERVANTE	RACINE.
PLURE-D'OIGNON	ADALBERT.	VOYAGEURS, JOUEURS DE BILLARD, GENS DE LA NOCE,	
MONTIZON	LAURÉ.	BOHÉMIENS, SOLDATS, ETC.	

ACTE PREMIER.

Le devant des Messageries royales de la rue Notre-Dame des Victoires.

SCÈNE PREMIÈRE.

CHALUMEAU, POPLARD, CRÈVECOEUR, UN AFFICHEUR, UN MARCHAND DE CHAINES DE SURETÉ, UN DÉCROTTEUR *près de la porte au fond avec sa sellette*, UN MARCHAND DE CANNES, PASSANTS, CRIEURS, *puis* BAGNOLET.

Au lever du rideau, Crèvecoeur est couché par terre contre une borne, à gauche du spectateur; il ne paraît pas s'occuper de ce qui se passe autour de lui. On entend crier : *L'Indicateur des rues de Paris, le Guide du Voyageur;* pendant ce temps un afficheur est entré et va coller une petite affiche sur un des murs de la cour.

LE MARCHAND DE CHAINES. Voyez, à vingt-neuf... bijoux en or, contrôlés par la Monnaie.

POPLARD, *criant*. Allumettes chimiques allemandes, un sou le paquet, deux sous la boîte !

L'AFFICHEUR, *qui a posé son affiche.* V'là ce que c'est... (*Lisant.*) On dégage les effets du mont-de-piété et on achète les reconnaissances, rue Vide-Gousset, numéro neuf.

Il reprend son pot et son pinceau et sort.

CHALUMEAU, *qui l'a suivi et examiné en se cachant, s'approche de l'affiche dès qu'il est parti. Lisant.* On dégage les effets du mont-de-piété et on achète les reconnaissances... très-bien... rue Vide-Gousset, numéro neuf!... Minute! (*Il colle une petite bande sur l'adresse.*) Ça n'est plus ça, mon bonhomme! rue de l'Arbre-Sec, numéro vingt-trois, à la bonne heure.

BAGNOLET, *entre en chantonnant.* O Mathilde, idole de mon âme... tu... (*Voyant Chalumeau.*) Tiens, c'est Chalumeau... qu'est-ce que tu fais donc là?

CHALUMEAU. Moi, je colle des affiches... ou pour mieux dire... je colle des bandes sur les affiches.

BAGNOLET. Comment ça?

CHALUMEAU. C'est clair; une supposition que tu tiens un bureau de dégagement ou de n'importe quoi... tu te fais afficher, ça te coûte du papier et des caractères; moi, qui suis d'une entreprise rivale, je viens derrière toi, et je colle simplement l'adresse de mon administration au bas de ton affiche; c'est une association en commandite : tu fais la moitié des frais, et j'empoche tout le bénéfice.

BAGNOLET. Compris : c'est de l'affichage économique... et qu'est-ce que ça te rapporte, ce métier-là?

CHALUMEAU. Je gagne encore mes quinze sous, le matin en me promenant; avec ça, on ne peut pas mettre à la caisse d'épargne... mais, passé quatre heures, j'ai une autre profession.

BAGNOLET. Ah bah!... et laquelle?

CHALUMEAU. Je pratique avec avantage l'échange des bouts de cigares.

BAGNOLET. L'échange des bouts de cigares?... connais pas.

CHALUMEAU. Oui, je troque les petits contre les grands... je t'expliquerai ça tantôt... c'est un joli commerce de mon invention, tu verras.

BAGNOLET. Eh bien! c'est une industrie que je ne soupçonnais pas.

CHALUMEAU. Il y en a bien d'autres dont tu es ignorant. Et toi, qu'est-ce que tu fais pour le quart d'heure?

BAGNOLET. Moi, je suis cicérone.

CHALUMEAU. Quoi que c'est que ça, cicérone? ça va-t-il sur l'eau?

BAGNOLET. Cicérone, c'est-à-dire que je guette les provinciaux à leur descente de voiture, aux messageries royales, et je leur offre de leur servir de guide, de leur faire voir les curiosités de la capitale, de les mener dans les meilleurs hôtels, ou dans les plus fameux restaurants.

CHALUMEAU. Et tu les conduis...

BAGNOLET. Dans d'affreuses gargotes, qui me font une remise pour leur amener des pratiques.

CHALUMEAU. En même temps que tu es payé par le voyageur; eh bien! ça n'est pas déjà si mal.

BAGNOLET. Oui; mais vois-tu, Chalumeau, il y a des fois où ça me donne des remords de conscience.

CHALUMEAU. C'te bêtise!

BAGNOLET. Des fois où je me dis que je n'étais pas né pour ce métier-là.

CHALUMEAU. Tu aimerais mieux avoir dix mille livres de rente, pas vrai?...

BAGNOLET. Je me contenterais m'me de quinze... parce qu'entre nous, tous ces états que nous faisons, ça n'est pas des états vertueux.

CHALUMEAU. De quoi, pas vertueux!... et à qui donc que ça fait du tort, s'il vous plaît? Ah! je sais bien que nous ne payons pas patente, nous ne sommes pas des gens établis...

BAGNOLET. Nous ne jouissons pas de l'estime et de la considération publiques.

CHALUMEAU. Qu'est-ce qui dit ça?... des envieux!... faut les laisser jaboter... car enfin nous avons tous des professions... n'est-ce pas, Poplard?

POPLARD, *criant.* Allumettes chimiques allemandes... un sou le paquet, deux sous la boîte!

CHALUMEAU. Monsieur est négociant, je suis négociant, nous sommes tous négociants, tous, excepté Crèvecœur, que v'là, par exemple!

BAGNOLET. Ah! oui, l'Abruti.

CHALUMEAU. On ne lui connaît pas d'autres moyens d'existence que de rester couché toute la journée comme un lézard au soleil.

BAGNOLET. Si le sommeil rapportait six francs par heure, en voilà un qui serait millionnaire.

CHALUMEAU. Oui, mais dormir, ça n'est pas une profession; enfin, comment qu'y fait pour vivre? où qu'il prend son pain?

BAGNOLET. Son pain?... lui, Crèvecœur! il n'en a pas de besoin, il n'en consomme jamais.

POPLARD. C'est vrai.

CHALUMEAU. Ah! bah! il vit donc de l'air du temps, comme les serpents boas?

BAGNOLET. Il ne se nourrit que d'eau-de-vie... pour déjeuner, de l'eau-de-vie; pour dîner, de l'eau-de-vie; pour souper, de l'eau-de-vie.

CHALUMEAU. Toujours du casse-poitrine!

en v'là une de nourriture ! il doit être souvent dans les vignes.

BAGNOLET. Lui, jamais ! ça ne le grise pas ; ça l'engourdit, voilà tout… et quand il a son compte, il s'étale comme le voilà.

CHALUMEAU. Ah ! mais c'est une marmotte que ce monsieur.

BAGNOLET. Tu vas voir… Eh ! dis donc, Crèvecœur… (*S'approchant de Crèvecœur et le remuant du pied.*) Eh ! l'Abruti !

CRÈVECŒUR. Hein ?

BAGNOLET. Veux-tu du pain ?

CRÈVECŒUR. Du pain ? non…

BAGNOLET. Veux-tu de l'eau-de-vie ?

CRÈVECŒUR, *s'animant.* De l'eau-de-vie ! oui !… oui !… où y en a-t-il de l'eau-de-vie ?

BAGNOLET. Chez le liquoriste, mon vieux.

CRÈVECŒUR. Ah !…

BAGNOLET. T'en auras plus tard.
Il retombe dans sa somnolence.

CHALUMEAU. Ah ! mais j'en ai, moi, de l'eau-de-vie ?

BAGNOLET. Ah ! bah !

CHALUMEAU. Eh ! oui, j'avais affaire ce matin de l'autre côté de la barrière… extra-fortifications ; j'ai apporté la petite bouteille que v'là… et enfoncés les gabelous ! Faisons une politesse à l'Abruti. •

BAGNOLET, *prenant le bidon.* Oui, donne, je vais lui offrir… (*A Crèvecœur.*) Tiens, l'Abruti, avale une gorgée de ça, mon vieux… c'est de l'eau-de-vie.

CRÈVECŒUR. De l'eau-de-vie, bien vrai ?
Il saisit le bidon avec avidité et le porte à ses lèvres.

BAGNOLET, *se baissant vers lui.* Hein ! c'est bon ça, c'est du nanan, ça réchauffe notre petite estomaque… (*Revenant aux autres.*) Regardez donc comme il ingurgite ; il avale ça comme du coco à un liard le verre.

CHALUMEAU. Ah ça, mais un instant… en v'là assez… gardons-en un peu pour les amis… (*Il va reprendre le bidon à Crèvecœur.*) Si on le laissait faire, il boirait tout… Tu l'aimes donc bien, le trois-six ?

CRÈVECŒUR. Dam ! oui…

BAGNOLET. Mais ça fait mal, ça grise.

CRÈVECŒUR. Non… non, ça endort… ça fait oublier…
Il se recouche.

CHALUMEAU. Oublier !… je crois bien, ça t'a fait oublier d'en laisser dans la bouteille… il a tout avalé, le vieux gourmand.

TOUS. Ah ! bah !

CHALUMEAU. Il n'en reste pas une goutte.

BAGNOLET. Il se donnera une inflammation d'estomac, c'est sûr ! Il aura une combustion spontanée ; un de ces jours, il partira comme un réservoir à gaz.

POPLARD. Allumettes chimiques allemandes !
Il en fait partir une.

BAGNOLET. Finis donc, Poplard… ne va pas par là avec tes allumettes ; c'est une tonne de trois-six que l'Abruti, tu pourrais l'incendier.

TOUS, *riant.* Ha ! ha ! ha !

SCÈNE II.
LES MÊMES, DIGONARD.

DIGONARD, *à part.* Quatre heures moins seize minutes… Montorgueil me marque dans sa lettre qu'il arrivera par la voiture de quatre heures ; j'ai encore le temps de me promener.
Il se promène de long en large.

POPLARD, *s'approchant de lui.* Allumettes chimiques, mon bourgeois.

LE MARCHAND DE CHAINES. Voyez, à vingt-neuf, pour la sûreté des montres.

DIGONARD. Laissez-moi tranquille, je n'ai besoin de rien.

CHALUMEAU. Faut-il une voiture ?… Voilà, voilà, bourgeois.

DIGONARD. Allez au diable ! Cette rue est remplie d'un tas de mendiants ; entrons au café, lire un journal.
Il disparaît.

CHALUMEAU. Tiens ! qu'est-ce qu'il a donc ce particulier ?… (*Lui faisant des gestes.*) Oh ! c'te binette… Bonjour, monsieur… Pardon si je ne vous reconduis pas.

BAGNOLET. Ça lui va joliment de nous traiter comme ça ; qu'est-ce qu'il est donc, lui ?…

CHALUMEAU. Tu le connais ?

BAGNOLET. Pardine, c'est le nommé Antoine Digonard, un fameux faiseur de mauvaises affaires.

CHALUMEAU. De mauvaises affaires… ça ne doit pas l'enrichir.

BAGNOLET. Au contraire… elles sont mauvaises, c'est vrai, mais pour les autres.

CHALUMEAU. Ah ! bon, je saisis !…

BAGNOLET. Je l'ai connu dans mes temps de fortune… il m'a dévoré mon patrimoine.

TOUS, *riant.* Ha ! ha ! ha ! son patrimoine !

CHALUMEAU. Tu as eu un patrimoine, toi, Bagnolet ?

BAGNOLET. Oui, moi, Bagnolet. Qu'est-ce qu'il y a d'étonnant à ça ? est-ce que dans la vie on n'a pas des hauts et des bas !

CHALUMEAU. Ah ! tu as eu des hauts ?

BAGNOLET. Et maintenant, c'est tout au plus si j'ai des bas… mais enfin, j'ai appartenu à une famille très-distinguée ; mon père était établi à Tours en Touraine ; il vendait des instruments…

CHALUMEAU. Des instruments à vent ?

BAGNOLET. Non, des instruments à eau.

CHALUMEAU. A eau? Ah! bon, connu, connu, des clarinettes d'apothicaire.

BAGNOLET. J'aurais dû me contenter de cette position honorable... mais j'étais dévoré d'ambition ; à la mort de papa, je cédai son fonds, et je vins à Paris avec la moitié de la somme en argent, et l'autre en un billet que m'avait fait l'acquéreur.

CHALUMEAU. Et à combien qu'il se montait ton patrimoine?

BAGNOLET. A quinze cents francs...

CHALUMEAU. Tu n'as pas dû aller loin avec ça.

BAGNOLET. Mon existence de lion dura un mois, pendant lequel je fis la connaissance d'une délicieuse giletière... avec qui je passai une lune de miel et d'argent... mais bientôt il ne me resta plus que mon billet.

CHALUMEAU. C'était une ressource !

BAGNOLET. Oui, elle était gentille, la ressource ; un nommé Montorgueil, un habile, un fameux que j'avais connu au divan des Panoramas, se chargea de me le faire escompter ; il me mena chez le Digonard.

CHALUMEAU. Et celui-ci te donna...

BAGNOLET. Cinquante francs en argent, quarante flageolets, et un veau à deux têtes.

TOUS, *riant*. Un veau à deux têtes !

BAGNOLET. Et encore il était malade... huit jours après, il rendit le dernier soupir entre mes bras... bref, je me trouvai bientôt dans une complète débine, obligé de vivre d'industrie.

CHALUMEAU. Et la giletière t'avait planté là !

BAGNOLET. Chalumeau, vous calomniez son cœur... Elle était partie, c'est vrai ; mais pour recueillir l'héritage d'une vieille tante qui venait de trépasser du côté de Dieppe.

CHALUMEAU. Alors, c'est différent !..... (*Otant sa casquette.*) Honneur aux dames.

BAGNOLET. Du moins, je n'ai pas à rougir devant elle... O Arthémise ! toi qui m'as connu si coquet, tu ne soupçonnes pas, sur les bords de la Manche, les trous qui se forment aux miennes.

CHALUMEAU. Ce pauvre Bagnolet !... et tu n'as pas flanqué une bonne roulée à ce gueux de Montorgueil?

BAGNOLET. J'en ai eu l'idée... oui, je l'aurais éreinté de bon cœur... si j'avais pu... mais il est plus fort que moi.

CHALUMEAU. Ah ça, tu le crains donc ?

BAGNOLET. Non, mais j'en ai peur...

On entend sonner quatre heures.

DIGONARD, *revenant*. Quatre heures ! Je suis d'une impatience... cette affaire dont me parle Montorgueil dans sa dernière lettre... (*On entend le cornet et le roulement de la voiture.*) Ah ! enfin, voici la voiture !

Il sort.

CHALUMEAU. Allons, vous autres, à la voi-

ture. (*Allant à Crèvecœur.*) Allons, viens avec nous, la vieille... gagner la petite goutte.

CRÈVECŒUR. La petite goutte... oui... oui.

TOUS. A la voiture !

Ils courent au fond ; la scène se vide.

SCÈNE III.

BAGNOLET, *puis* ARTHÉMISE.

BAGNOLET, *seul*. La voiture de Rouen : j'ai bien peur de ne pas faire mes frais aujourd'hui... ma foi ! au petit bonheur.

Il va pour sortir et se rencontre avec Arthémise.

ARTHÉMISE, *entrant et cherchant des yeux*. Ah ça mais, où s'est-il donc fourré ce monsieur Bagno.... (*Le reconnaissant.*) Ah ! le voilà !...

BAGNOLET. Arthémise !

ARTHÉMISE. Ah ! on vous trouve donc, monsieur Bagnolet ?

BAGNOLET. Arthémise !... Arthémise !... aux messageries... Comment ! c'est vous !... vous voilà de retour !... ah ! quelle joie ! quel bonheur !... Laissez-moi vous embrasser.

ARTHÉMISE, *l'arrêtant*. Du tout, du tout, monsieur.

BAGNOLET. On a fait sa barbe ce matin, c'est du satin, c'est du velours.

Il l'embrasse.

ARTHÉMISE. Mais voulez-vous finir !... d'abord, je suis en colère contre vous.

BAGNOLET. Ah ! bah ! Alors, je vas vous embrasser pour faire la paix.

Il l'embrasse.

ARTHÉMISE. Ah ça, mais c'est insupportable; voulez-vous bien m'écouter?

BAGNOLET. Parlez, Arthémise; je vas essayer de me calmer, je vas tâcher d'arrêter la locomotive.

ARTHÉMISE. C'est fort heureux ! et pourquoi donc, monsieur, restiez-vous là, au lieu de venir à ma rencontre?

BAGNOLET. A votre rencontre?... mais pour que je le fisse, il fallait que je le pusse ; et pour que je le pusse, il fallait que je le susse... votre retour, et j'en ignorais complétement.

ARTHÉMISE. Allons donc ! est-ce que je ne vous l'avais point écrit?

BAGNOLET. T'écrit... vous m'aviez écrit?

ARTHÉMISE. Certainement... il y a quatre jours, une lettre datée de Saint-Valery, et par laquelle je vous annonçais mon arrivée.

BAGNOLET. Ah ! bah ! je n'ai rien reçu.

ARTHÉMISE. C'est impossible !

BAGNOLET. C'est impossible, mais ça est.

ARTHÉMISE. Et les trois autres, monsieur.. les trois autres lettres que vous avez eu la petitesse de laisser sans réponse... hein ?

BAGNOLET. Vous m'en avez écrit trois autres... Ah! j'y suis... vous les avez adressées
à mon ancienne demeure.

ARTHÉMISE. Sans doute!

BAGNOLET. Et je suis déménagé.

ARTHÉMISE. Comment! vous avez changé
de logement!

BAGNOLET, avec importance. Oui, les che-
minées fumaient!... je n'étais pas content
des papiers... et puis... (à part) et puis le
propriétaire m'a flanqué à la porte.

ARTHÉMISE. Ah ça, mais au moins vous
auriez pu vous donner la peine d'aller chez
votre ancien concierge vous informer s'il
n'était rien venu de ma part.

BAGNOLET. Arthémise, croyez que si j'a-
vais su... pour avoir de vos nouvelles, pour
me procurer vos trois lettres, j'aurais fait
trente lieues à pied sur la tête... Dieu de Dieu!
j'aurais été capable de tout... (frappant sur
son gousset) oui, de tout... excepté de payer
le port.

ARTHÉMISE. Tout ça, monsieur, c'est des
phrases!

BAGNOLET. Et moi qui la traitais d'ingrate,
d'infidèle, moi qui me croyais oublié, trahi!...
oui, Arthémise, chaque nuit je rêvais trahison... je voyais des chats dans tous mes
songes.

ARTHÉMISE. Je ne vous crois pas.

BAGNOLET. N'importe, je te revois, je te
raime, je suis raimé... ah! je suis le plus
heureux des hommes... ah! je suis le plus
heureux des hommes...

Il l'embrasse.

ARTHÉMISE, fâchée. Mais, monsieur, encore une fois...

BAGNOLET, l'embrassant. Encore une fois,
je le veux bien... Pendant dix ans, cent ans,
toute la vie, et pour commencer la réconci-
liation, je vas aller chercher vos cartons, vos
paquets... Je peux faire ça pour vous.

ARTHÉMISE. Du tout, je n'ai besoin de personne.

BAGNOLET. Alors, permettez-moi d'aller
vous chercher un fiacre, une citadine... je
peux encore faire ça pour vous.

ARTHÉMISE. Je vous dis de me laisser; il
faut que j'aille payer le prix de mes bagages.

BAGNOLET. Le prix de vos bagages... je
peux toujours faire ça pour... (A part.) C'est-
à-dire, non, je ne peux pas faire ça pour elle.

ARTHÉMISE. Allons, allons, laissez-moi!

BAGNOLET. Mais écoutez...

ARTHÉMISE. Rien, vous allez me compromettre; je vous défends de me suivre.

Elle sort.

BAGNOLET. Arthémise!... Arthémise!...
Ah bien, elle me plante là... mais je la rattra-
perai... je l'attendrai... je la fléchirai.

Il se met à courir vers le fond et se rencontre avec Didier
qui entre.

SCÈNE IV.

BAGNOLET, DIDIER.

BAGNOLET. Ah! excusez, monsieur, je ne
vous voyais pas.

DIDIER. Eh mais, c'est Bagnolet.

BAGNOLET. Mon nom... mais pardon, pardon... je n'ai pas le temps de...

DIDIER. Tu n'as pas le temps de serrer la
main à une ancienne connaissance, à un concitoyen?

BAGNOLET. Un concitoyen!... ah! vous
êtes de Tours... Monsieur, je vous salue
bien; mais, je suis très-pressé... il faut que
je rattrape...

DIDIER, le remettant. Ah ça, mais regarde-moi donc! tu ne me reconnais pas?

BAGNOLET, le regardant. Attendez... si
fait... je n'ai pas la berlue... ah! mon Dieu!
est-ce possible... tu serais... vous êtes...

DIDIER. Charles Didier!

BAGNOLET. Charles Didier! qu'on appe-
lait le petit Charlot?

DIDIER. Avec qui, dans ton enfance, tu
allais...

BAGNOLET. A l'école... Oui, et qui me
défendait toujours contre les grands... qui
se battait à ma place... Ah! Dieu! m'en avez-
vous épargné des taloches... aussi, entre
nous, c'est à la vie, à la mort, et si je puis
vous être bon à quelque chose!... Avez-vous
vu l'obélisque?...

DIDIER. Pour le moment, j'ai plutôt besoin de repos; car depuis que nous ne nous
sommes vus, j'ai fait de grands voyages.

BAGNOLET. Ah! bah! des grands voyages...

DIDIER. Et j'arrive des Indes, où mon
pauvre père vient de mourir.

BAGNOLET. Votre vieux père... mais vous,
qu'est-ce que vous avez été faire par là?

DIDIER. J'avais quitté la France... je m'é-
tais engagé dans la marine, non par voca-
tion, mais par amour.

BAGNOLET. Par amour!

DIDIER. Pour une jeune fille qui me semblait si belle, si pure et si bonne, que je n'o-
sais lui parler de ma tendresse; je me trouvais indigne d'elle... et voilà pourquoi j'ai
voulu me faire un nom. Je partis, emportant
au fond de mon cœur, avec le souvenir de
Louise, assez de force pour braver tous les
dangers, pour surmonter tous les obstacles!...
Courage, me disais-je souvent, un jour viendra où je la reverrai, où je pourrai lui dire...
cette fortune que je possède, c'est pour la
mettre à vos pieds que je l'ai acquise; ce nom
qu'on entoure d'un peu d'estime et de respect,
c'était pour qu'il fût digne de vous que j'ai
voulu l'ennoblir.

BAGNOLET. Je vous comprends !... c'est comme ça que j'aime Arthémise.

DIDIER. Je revins enfin après une longue absence... j'avais amassé plus de fortune que je n'en avais désiré, et je m'étais distingué dans quelques expéditions ; juge de ma joie, de mon bonheur ! j'allais enfin revoir mon pays, me retrouver auprès de la seule femme qui jamais eût fait battre mon cœur !... hélas ! c'était une illusion qui devait bientôt s'évanouir... j'apprends, en débarquant, qu'un autre, en mon absence, s'était introduit auprès de cette jeune fille ; que, profitant de quelques avantages personnels, et à l'aide de promesses mensongères, il s'était emparé de cette âme innocente et crédule. Oui, elle, cet ange de pureté à qui, moi, je n'osais penser qu'avec respect, avec admiration, à qui je voulais un jour offrir ma fortune et mon nom... elle était flétrie, déshonorée, elle était la maîtresse d'un autre.

BAGNOLET. Ah ! grand Dieu ! et cet autre, vous êtes allé le trouver ?... vous vous êtes vengé ?

DIDIER. Vengé !... moi !... (A part.) O mon frère ! mon frère ! (Haut.) Je ne le pouvais pas... je ne pouvais pas me venger de lui.

BAGNOLET. Vous ne le pouviez pas ? et pourquoi donc ? Cristi !... ça n'est pas par le courage que je brille... quoique ancien lion, je n'ai pas le naturel de cet animal..... mais si on m'en avait fait autant, je... et cette femme, vous ne l'avez pas revue ?

DIDIER. Non, ils étaient partis, partis ensemble.

BAGNOLET. Ah ! bon, je vous pénètre, vous venez les chercher.

DIDIER. Non... d'autres affaires, des affaires de famille m'appellent à Paris.

BAGNOLET. Ah ! j'entends... c'est juste ; au fait, vous venez retrouver votre frère...

DIDIER. Mon frère !... Paul a recueilli sa part de notre héritage, il doit être heureux... je ne le verrai pas.

BAGNOLET. Comment ?...

DIDIER, à part. Oh ! non, pas encore !...

BAGNOLET. Heureux, lui ? mais pas du tout.

DIDIER. Que veux-tu dire ?...

BAGNOLET. Qu'à son arrivée à Paris, monsieur Paul, votre frère, allait dans le monde... il voulait briller... trop briller, même.

DIDIER. Ensuite...

BAGNOLET. Si bien qu'au bout de quelque temps, il s'est trouvé sans le sou... alors, il s'est lancé dans ce qu'on appelle à Paris la haute mauvaise société.

DIDIER. Tu me fais frémir !

BAGNOLET. Mais, pour vivre longtemps dans ce monde-là, il faut ou beaucoup d'argent... ou beaucoup d'adresse... et...

DIDIER. Et Paul, qui était pauvre, ne s'y est pas maintenu, lui, parce qu'il n'a pas rejeté tout sentiment de probité, parce qu'il est homme d'honneur, n'est-ce pas ?... et maintenant, il est en proie au besoin, à la souffrance, à la misère... (A part.) Mais elle, mon Dieu, Louise, que sera-t-elle devenue ?... (Haut.) Oh ! je veux le retrouver, je veux le revoir !... tu dois connaître sa demeure, tu me conduiras...

BAGNOLET. Sa demeure ?... ça n'est pas facile ; n'importe, je soupçonne... dès ce soir nous nous mettrons en campagne.

DIDIER. Où demeures-tu ?

BAGNOLET. Planche-Mibray street, numéro neuf, au cinquième au-dessus de deux entresols... il y a une patte de lièvre à la porte !

DIDIER. Il suffit !

UN FACTEUR. entrant. Monsieur Didier !

DIDIER. Eh bien ?

LE FACTEUR. Monsieur, vos effets sont chargés ; le fiacre vous attend.

DIDIER. Merci... (A part.) Qu'ai-je appris, grand Dieu ?... Paul !... non, malgré ses fautes... je ne puis... je ne veux pas l'abandonner... (Haut.) Bagnolet, tu te souviendras de ta promesse, n'est-ce pas ?... j'irai te prendre... tu me conduiras vers mon frère... et si en échange de ce service, tu as besoin de moi, tu n'auras qu'un mot à dire... et ma reconnaissance... A ce soir, donc, Bagnolet, à ce soir.

BAGNOLET. A ce soir !

Didier sort.

SCÈNE V.

BAGNOLET, *puis* MONTORGUEIL, DIGONARD, CHALUMEAU ET PETITS BOHÉMIENS.

BAGNOLET, *seul.* Le retrouver, ça ne sera pas facile ; un homme sans domicile... C'est égal, j'ai une idée...

En ce moment entrent Montorgueil et Digonard poursuivis par les petits Bohémiens, puis le Facteur, Chalumeau, le Colleur et Poplard.

LE FACTEUR. Bourgeois, je vais vous indiquer un commissionnaire.

POPLARD. Un commissionnaire ? voilà ! voilà !

CHALUMEAU ET LE COLLEUR. Voilà, pour la commission !

MONTORGUEIL. Allons, je vous dis de ne pas me rompre les oreilles, je n'ai besoin de personne pour mes malles.

BAGNOLET, *à part.* Ses malles... C'est

un voyageur !... tenue d'homme riche, si je lui offrais...

MONTORGUEIL, *à Digonard.* Venez par ici, nous pourrons causer plus à notre aise.

BAGNOLET, *s'avançant.* Pardon; monsieur est étranger ; s'il avait besoin d'un cicérone.

MONTORGUEIL, *se détournant.* Hein?... que veux-tu ?

BAGNOLET, *effrayé.* Montorgueil !... ah ! grand Dieu !

MONTORGUEIL. Eh ! c'est Bagnolet ! quel diable de métier fais-tu là ?

BAGNOLET. Moi ! je... je...

MONTORGUEIL. Allons, c'est bien, nous avons à causer... va-t'en.

BAGNOLET. Je m'en vais... (*A part.*) Allons retrouver Arthémise... Ce diable d'homme me fait des peurs atroces.

Il sort précipitamment.

CHALUMEAU, *un petit bout de cigare à la bouche. A part.* Exerçons ma petite industrie... (*Haut.*) Excusez, mon bourgeois; voulez-vous me permettre de m'allumer ?

MONTORGUEIL, *lui tendant son cigare.* Allons, dépêche-toi !

DIGONARD. Nous n'en finirons pas !

MONTORGUEIL. Oh ! cela ne peut pas se refuser, la fraternité du cigare.

CHALUMEAU. Oui, la fraternité du... Merci, mon bourgeois.

Il met le grand cigare de Montorgueil dans sa bouche et lui présente son petit bout.

MONTORGUEIL. Hein? comment... eh ! bien, que fais-tu donc ?

CHALUMEAU. Ah ! pardon, pardon, c'est que je m'étais trompé... voilà le vôtre.

MONTORGUEIL. Animal, maintenant que tu l'as mis dans ta bouche, garde-le.

CHALUMEAU, *à part.* C'est bien là-dessus que je comptais. (*Haut.*) Ah ! rendez-moi mon bout, si ça vous est égal.

MONTORGUEIL. Tiens, et laisse-moi en repos...

Il jette le bout; Chalumeau le ramasse.

CHALUMEAU. Enlevé ! voilà déjà trois cigares que ce bout-là me rapporte.

éteint celui de Montorgueil, le met dans sa poche, et sort.

SCÈNE VI.

MONTORGUEIL, DIGONARD.

DIGONARD. Eh bien, nous voilà seuls, parlons de cette grande affaire.

MONTORGUEIL. Attends, car c'est toute une histoire... histoire mystérieuse, mais dont je puis te confier le secret, à toi qui me connais bien et dont je sais aussi toute la vie...

DIGONARD. Toute ma vie... je suis banquier...

MONTORGUEIL. Bon... et je sais ce que tu étais avant... Je sais même depuis que tu exerces la banque, plus d'un zéro criminel que tu as adroitement glissé à la fin d'un compte de jeune homme...

DIGONARD. Enfin cette affaire.

MONTORGUEIL. M'y voici, il y a quelque temps, je me trouvais à Dieppe, ayant épuisé toutes mes ressources.

DIGONARD. Je le sais...

MONTORGUEIL. Oui, car je t'avais écrit pour te supplier de me prêter quelque argent sur ma parole.

DIGONARD. Ta parole, par malheur, c'était ta seule garantie.

MONTORGUEIL. Ce qui fait que tu ne m'as rien prêté du tout; or, un soir, j'étais sans argent, n'ayant auprès de moi ni un ami qui pût m'aider, ni quelque autre dont je pusse me servir... je me promenais dans la campagne, aux alentours d'une petite maison dont je venais de voir sortir les habitants... La maison est déserte, me disais-je, et à cette pensée, un frisson parcourut tout mon corps... Une haie de quelques pieds me séparait seule du jardin; je la franchis d'un bond, et grimpant lestement le long d'un arbre renversé sur la façade de derrière, j'entrai dans l'appartement du premier étage; il y avait là un secrétaire bien fermé pour un autre, mais presque ouvert pour moi, et dans ce secrétaire deux piles d'écus, que j'enveloppai à la hâte dans la première feuille de papier que je sentis sous ma main ; puis, je sautai de la croisée dans la terre labourée du jardin, et je partis... Une heure après, attablé dans un restaurant de la ville, je déroulai mes écus, et je découvris que l'enveloppe était une lettre que je me mis à lire... cette lettre était datée des grandes Indes, et signée : Didier.

DIGONARD, *avec étonnement.* Didier !

MONTORGUEIL. Didier, négociant de Tours, et qui était allé rejoindre là-bas son fils aîné, presque son fils unique, puisque le plus jeune était, disait-il, perdu pour le monde et pour son père... Le vieillard écrivait cette lettre à son lit de mort; il l'adressait à son meilleur ami, au millionnaire Desrosiers, et acceptait l'offre que celui-ci avait faite d'unir leurs deux enfants... Je me souviens alors de ce Paul Didier de Tours qui avait pendant quelque temps vécu parmi les nôtres, c'était le plus jeune des deux frères; mais comme il m'apprenait que Desrosiers, parti depuis longtemps de sa ville natale, ne connaissait ni l'un ni l'autre ; alors une pensée subite s'empara de mon esprit, un plan immense se déroula tout entier devant mes yeux; cette lettre était un talisman qui devait nous enrichir, une mine d'or dont je tenais le filon, je venais de voler deux cents francs, je les avais enveloppés dans un million.

DIGONARD. Mais ce plan, quel est-il ?

MONTORGUEIL. Le lendemain, plus décemment vêtu, je me présentai chez Desrosiers. J'arrive des Indes, lui dis-je, et je vous annonce le retour de votre futur gendre... Eh ! quoi Didier ?... Est en ce moment à Paris où le retiennent quelques affaires... Eh bien, s'écrie le bonhomme, c'est à Paris que je veux faire la noce, nous irons à Paris.

DIGONARD. Ah ! bah ! il va venir ?

MONTORGUEIL. Il est venu; en ce moment il conduit sa fille à l'hôtel Meurice, dans un instant, il reviendra pour y faire porter ses bagages, et les miens.

DIGONARD. Les tiens... mais je croyais qu'il y a un mois, tu étais sans...

MONTORGUEIL. Il y a un mois, je ne connaissais pas mon ami Desrosiers; maintenant, il faut retrouver Paul.

DIGONARD. Paul Didier !

MONTORGUEIL. Oui, Paul, qui saura bien parler au Desrosiers de son propre père, de ce vieil ami qu'il a si longtemps connu, et des grandes Indes qu'il ne connaît pas, Paul, que nous tirerons de la misère pour lui donner une riche dot que nous partagerons, bien entendu ; mais il faut délier à son profit les cordons si serrés de ta bourse; c'est un beau cavalier auquel il ne manque que des habits d'une coupe nouvelle, un cabriolet, un groom, et tu lui donneras tout cela.

DIGONARD. Mais...

MONTORGUEIL. Car ce n'est qu'avec tout cela qu'il peut prendre, sans éveiller les soupçons, la place de ce frère qui s'est enrichi aux Indes.

DIGONARD. Fort bien, mais cette fois je ne veux pas risquer...

MONTORGUEIL. Quelques billets de mille francs, pour en gagner deux cent mille ?

DIGONARD. Deux cent mille...

MONTORGUEIL. Ah ! tu réfléchis, mais cela ne suffit pas, il faut agir.

DESROSIERS, *hors scène*. Fort bien, je reviens à l'instant.

MONTORGUEIL. Silence ! j'aperçois notre homme.

<hr>

SCÈNE VII.

LES MÊMES, DESROSIERS.

MONTORGUEIL. Eh ! arrivez donc, mon cher monsieur Desrosiers, j'étais en train de parler de vous.

DESROSIERS. Vraiment !

MONTORGUEIL. Oui, je faisais votre éloge, car vraiment il est impossible de rencontrer un compagnon de voyage plus agréable et plus spirituel.

DESROSIERS. Ah ! monsieur, croyez que de mon côté je n'ai qu'à m'applaudir...

MONTORGUEIL. Vous êtes bien ; bon mais permettez-moi d'abord de vous présenter monsieur Antoine de Digonard.

DESROSIERS, *saluant*. Monsieur ! je n'ai qu'à m'applaudir...

DIGONARD, *saluant*. Monsieur !

MONTORGUEIL. C'est un de mes meilleurs amis, un ami de notre cher Didier, et qui a su à force de travail et de capacité se créer une position brillante.

DIGONARD, *modestement*. Montorgueil !

MONTORGUEIL. Qui possède une fortune considérable, et, ce qui est plus rare, une réputation sans tache.

DIGOUARD. Assez, Montorgueil... assez !...

DESROSIERS. Présenté par vous, monsieur, cela suffit. Couvrez-vous donc.

DIGONARD. Monsieur...

DESROSIERS. Monsieur...

MONTORGUEIL. Messieurs ! (*Ils se couvrent tous les trois.*) Ah ! c'est qu'à Paris, il est indispensable de savoir à qui l'on a affaire. Dans cette Babylone moderne, il faut toujours être sur la réserve, ou l'on court risque d'être trompé.

DIGONARD. Montorgueil a raison.

DESROSIERS. Ma foi, messieurs, moi, je n'ai jamais craint cela ; en affaires comme en amitié, j'ai toujours été d'une entière confiance... et, jusqu'à présent, je n'ai eu qu'à m'applaudir.

DIGONARD. En vérité, cela prouve la droiture de votre caractère.

DESROSIERS. Et puis je me flatte d'être assez bon physionomiste... je distingue du premier coup d'œil...

DIGONARD. Vraiment !

DESROSIERS. Par exemple, votre ami M. de Montorgueil a tout de suite fait ma conquête... oui, la première fois que je l'ai vu, je me suis dit : Parbleu, voilà un honnête homme.

DIGONARD. Peste ! je vois que vous vous connaissez en physionomies.

MONTORGUEIL. Touchez là, monsieur Desrosiers... (*il lui tend la main*) la confiance d'un homme tel que vous est un trésor pour un homme tel que moi ! Mais je vous le répète, il ne faut pas se fier au premier venu... à Paris, il y a tant de bohémiens.

DESROSIERS, *étonné*. Comment ! des Bohémiens... vous avez à Paris des réfugiés de Bohême ?

MONTORGUEIL. Eh ! non, vous n'y êtes pas... j'entends par bohémiens cette classe d'individus dont l'existence est un problème, la condition un mythe, la fortune une énigme, qui n'ont aucune demeure stable, aucun asile reconnu, qui ne se trouvent nulle part, et que l'on rencontre partout ! qui n'ont pas un seul état, et qui exercent cinquante professions ; dont la plupart se lèvent le matin sans savoir où ils dîneront le soir ; riches aujourd'hui, affamés demain ; prêts à vivre honnêtement s'ils le peuvent, et autrement s'ils ne le peuvent pas.

DESROSIERS. Ah ça, mais ce sont des filous !

MONTORGUEIL. Non pas, ce sont des bohémiens ! Les bohémiens, vous les coudoyez à chaque pas dans Paris ; les uns tiennent le haut bout de l'échelle, ils s'intitulent jurisconsultes, ex-préfets de l'empire, ou chevaliers de l'Éperon d'or... On les trouve à Tortoni, aux courses, et dans les coulisses de l'Opéra ; les autres gravitent au milieu de l'échelle... ce sont les prétendus réfugiés, les pique-assiettes, et les mendiants à domicile... pauvres diables que l'on rencontre à la Bourse, au Palais-Royal, ou près des poêles des cafés... Enfin, tout au bas, au pied de l'échelle, se tiennent les infiniment petits, la menue monnaie de l'espèce ; ceux-là vendent des cannes, des chaînes de sûreté, ouvrent les portières..., et cætera... et cætera... enfin, mon cher monsieur Desrosiers, il y a, tant de petits que de grands, cent mille bohémiens à Paris.

DESROSIERS. Cent mille !...

MONTORGUEIL. Cent mille oiseaux parasites, alléchés par le grain d'autrui... araignées de la civilisation, qui tendent leurs toiles pour y prendre les dupes... Ce spéculateur qui vous propose une affaire d'un million, et finit par vous emprunter cent sous... bohémien... L'éditeur de ce journal qui ne paraît jamais... bohémien... Ce prétendu banquier qui vous invite à dîner chez Véry et qui s'aperçoit au dessert qu'il a oublié sa bourse... bohémien... Enfin, cet homme que vous connaissez à peine et qui vous appelle son cher ami, en vous serrant la main (*il serre la main de Desrosiers*) bohémien !... bohémien... toujours bohémien...

DESROSIERS. Ah ! bien, bien, je devine.

MONTORGUEIL. Oui, monsieur, et le soir, tout ce monde-là a déjeuné, a dîné, a vécu après s'être réveillé sans un sou.

DESROSIERS. Bon, bon ! je comprends... ce sont les imbéciles qui payent pour eux... A propos, messieurs, il est cinq heures ; voulez-vous me permettre de vous offrir à dîner ?

MONTORGUEIL. Comment donc ! j'accepte avec plaisir.

DIGONARD. Et moi j'allais vous le proposer.

MONTORGUEIL, *bas.* Menteur !...

DESROSIERS, *à Digonard.* A merveille ! nous ferons à table plus ample connaissance, nous causerons de la surprise que je ménage à notre cher Didier...

MONTORGUEIL. C'est cela... Je temps seulement de faire porter mes malles...

DESROSIERS, *voyant entrer un facteur.* Et justement, je crois que les voilà.

<hr>

SCÈNE VIII.

LES MÊMES, BAGNOLET, ARTHÉMISE, VOYAGEURS, PETITS BOHÉMIENS.

Les voyageurs arrivent portant des paquets.

BAGNOLET, *portant des paquets.* Venez, par ici, je vous dis que je porterai ça moi-même.

ARTHÉMISE. Prenez garde à mon oiseau, surtout.

LES PETITS BOHÉMIENS *les poursuivent, en criant :* Bourgeois, une voiture. Faut-y un commissionnaire, bourgeoise ? mon général, je vous demande la préférence.

DESROSIERS, *à Montorgueil.* Ah ! mon Dieu ! quel brouhaha !

UN FACTEUR. Les malles de M. Montorgueil.

MONTORGUEIL. C'est bien, mettez ça là.

PLUSIEURS PETITS BOHÉMIENS. Bourgeois, voulez-vous que je porte ça ?

MONTORGUEIL. Eh ! non, laissez-moi en repos.

Tous s'éloignent Crèvecœur reste seul près de Montorgueil.

MONTORGUEIL. Eh bien, et toi, qu'est-ce que tu me veux ?...

CRÈVECŒUR. Les malles... porter les malles... pour gagner... le pour-boire...

MONTORGUEIL. Je n'ai que faire de toi, ivrogne.

CRÈVECŒUR. Ah !...

Montorgueil le repousse durement ; les petits bohémiens le font pirouetter.

BAGNOLET. Eh bien, eh bien, pourquoi le bousculez-vous comme ça... lâchez-le donc, ce pauvre homme !

CHALUMEAU. Au fait, pourquoi qu'il se laisse faire ? pourquoi qu'il est si endurant ?

BAGNOLET. Vous croyez ça... lui, endurant... il ne l'est pas toujours, allez ; rien qu'avec un mot, le mouton peut se changer en tigre enragé.

CHALUMEAU. Ah ! bah ! lui, plus souvent !

BAGNOLET, *posant les cartons.* Plus souvent... eh bien, tu vas en juger ; dis donc eh ! Crèvecœur.

CRÈVECŒUR. Hein ?

BAGNOLET. Tu vois bien celui-là ?

Il lui désigne Chalumeau.

CRÈVECŒUR. Oui... eh bien ?

BAGNOLET. Eh bien, c'est lui qui a fait mourir Marie Hubert.

MONTORGUEIL, *qui a entendu.* (*A part.*) Marie Hubert !

CRÈVECŒUR, *furieux*. Marie Hubert!... lui!... lui!...

Il s'élance avec fureur sur Chalumeau et le terrasse.

CHALUMEAU. Eh ben!..... eh ben!..... qu'est-ce qu'il a donc? Retenez-le... mais retenez-le donc!

CRÈVECŒUR, *qu'on arrête*. Laissez... laissez... il a fait mourir Marie Hubert...

BAGNOLET, *l'arrêtant*. Allons, allons, Crèvecœur; c'était une farce, c'était pour t'attraper... ce n'est pas lui!

CRÈVECŒUR, *se calmant*. Ah! ce n'est pas lui!

BAGNOLET. Eh! non, c'était pour plaisanter.

CRÈVECŒUR. Plaisanter!... faut pas plaisanter avec Marie Hubert!

Il s'éloigne paisiblement.

MONTORGUEIL, *qui a tout examiné, à part*. Marie Hubert!... voilà qui est étrange! (*Allant frapper sur l'épaule de Crèvecœur.*) Dis-moi, mon brave, porte ma malle, je te payerai bien.

CRÈVECŒUR. Oui... oui... merci...

Il va prendre la malle.

MONTORGUEIL. Allons, messieurs!

DESROSIERS. A table nous causerons de notre grande affaire...

BAGNOLET, *à Arthémise*. Partons!... (*A part.*) Je tiens ma poulette!...

MONTORGUEIL, *prenant le bras de Desrosiers*. Partons! je tiens mon pigeon!

ACTE DEUXIÈME.

Premier Tableau.

Le théâtre représente le dessous de la première arche d'un pont dont le dessus doit être praticable; a la gauche de l'acteur est une berge au bas de laquelle coule la rivière; de longues planches communiquent de la berge aux bateaux; le devant de la scène est praticable; au fond on aperçoit Paris. Le théâtre ne doit être que faiblement éclairé.

SCÈNE PREMIÈRE.

CHALUMEAU, POPLARD, *plusieurs autres* BOHÉMIENS, *les uns sous l'arche, les autres dans des bateaux, vidant l'eau.*
Toutes les scènes des petits bohémiens doivent être jouées avec mystère et sans parler haut.

CHALUMEAU, *du haut du pont*. Brrrrrr!

TOUS, *levant la tête*. Quoi donc?

CHALUMEAU. C'est moi, c'est Chalumeau. (*Il descend.*) Eh! Poplard! quoique tu fais donc?

POPLARD. Attends... je prépare la chambre à coucher; je viens de retourner les matelats et je confectionne les oreillers... Qu'est-ce qui me passe de la paille?

PREMIER BOHÉMIEN. Voilà! Tiens, v'là pour on lit de plume.

CHALUMEAU. Dis donc, Poplard!

POPLARD. De quoi?

CHALUMEAU. N'en mets pas trop à ma place, mon bonhomme.

POPLARD. Pourquoi donc ça?

CHALUMEAU. Je veux pas m'habituer à être couché trop doucement; on ne sait pas dans quelle position qu'on peut se trouver plus tard.

POPLARD. Ah ben, t'es pas comme moi, j'aime à être ben couché.

CHALUMEAU. On n'est pas déjà si mal ici, on a la rivière qui vous berce comme une maman nourrice; seulement, y a une chose qui me chiffonne.

POPLARD. Et quoi donc?

CHALUMEAU. C'est d'avoir pas de rideaux.

TOUS. Des rideaux!

CHALUMEAU. Oui, ça empêcherait les courants d'air. C'est si mal fermé sous les ponts.

POPLARD. A propos, tous les locataires sont-ils rentrés?

CHALUMEAU. Il manque encore l'abruti et le moderne.

POPLARD. Ah! oui, ce jeune homme qui vient coucher ici depuis une huitaine de jours. Faudra pourtant s'informer de ce que c'est, lui demander son nom.

CHALUMEAU. As-tu pas peur de te compromettre!

POPLARD. Mais dame, faut savoir qui qu'on fréquente.

UNE VOIX, *en dehors*. Prrr...

TOUS. Qu'est-ce que ç'est que ça?

CHALUMEAU. Ah! je connais, c'est un de mes amis, monsieur Plure d'Oignon.

POPLARD. Plure d'Oignon, j'en ai entendu dire...

CHALUMEAU. Laisse donc! c'est pas un filou, il ouvre les portières et il sert les maçons.

POPLARD. Faudra voir.

CHALUMEAU. Il chante comme un rossignol, nous lui ferons gazouiller quelquechose.

SCÈNE II.

LES MÊMES, PLURE D'OIGNON, *arrivant par un escalier qui se trouve à gauche.*

PLURE D'OIGNON. Monsieur Chalumeau, s'il vous plaît?

POPLARD. C'est ici, donnez-vous donc la peine d'entrer.

CHALUMEAU. Me v'là, bonsoir! comment que tu te portes?

PLURE D'OIGNON, *tristement*. Ça va mal... merci.

CHALUMEAU. Comme t'as l'air triste ce soir! Qu'est-ce qui t'est donc arrivé?

PLURE D'OIGNON. Tous les malheurs; d'abord je viens d'éprouver une banqueroute.

TOUS. Une banqueroute!

PLURE D'OIGNON. Oui; un monsieur et une belle dame qui m'ont envoyé chercher une voiture, et ils ne m'ont rien donné.

TOUS. Ah!

POPLARD. Le monde est si dur.

PLURE D'OIGNON. De plus, mon logeur m'a donné mon compte.

CHALUMEAU. Bah! et pourquoi?

PLURE D'OIGNON. Parce que je ne lui payais pas le sien; mais heureusement je me suis souvenu que tu m'as offert l'hospitalité, et me v'là; tu vas me conduire à ton domicile.

CHALUMEAU. A mon domicile; mais tu y es...

PLURE D'OIGNON. Ah bah!

POPLARD. Vous occupez le salon, (*montrant le bateau*) et voici la chambre à coucher.

PLURE D'OIGNON. Ah! ce local... Y a pas cher de loyer alors.

CHALUMEAU. Rien par mois, y compris le sou pour livre.

POPLARD. Pas d'amende au portier, on rentre à l'heure qu'on veut.

CHALUMEAU. Et même tu peux utiliser tes heures de sommeil, et t'adonner à la pêche en dormant.

PLURE D'OIGNON. Qu'est-ce que c'est que ça, la pêche en dormant?

CHALUMEAU. Une invention à moi, qui m'est venue, en voyant la sonnette que messieurs les concierges ont au-dessus de leur tête pendant la nuit. Tu vois bien ce grelot?

PLURE D'OIGNON. Eh bien?

CHALUMEAU. Eh bien, le soir, quand je me couche, je me l'attache à l'oreille avec le cordon de ma ligne, que je laisse pendre à l'eau par l'autre bout, et je m'endors. Quand ça commence à mordre, v'là la ligne qui remue, et quand c'est pris tout à fait, le grelot fait sa musique... Drelin, drelin, drelin, c'est comme si le poisson criait : Cordon, s'il vous plaît. Aussitôt je me réveille et je pince mon goujon. V'là ce que c'est que la pêche en dormant.

TOUS. Bravo!

POPLARD. Dès ce soir je cueille une friture.

PLURE D'OIGNON. Allons, je vois qu'on ne s'ennuie pas trop ici, et puisque je ne peux pas faire autrement, je me décide et je reste.

CHALUMEAU. C'est ça; et pour nous payer ta bienvenue, tu vas nous chanter quelque chose.

TOUS. Oui, oui.

PLURE D'OIGNON. Ça m'est encore égal; écoutez.

Tout le monde l'entoure, Crève-Cœur paraît.

PREMIER BOHÉMIEN. Chut!

POPLARD. Qué qu'y a?

PREMIER BOHÉMIEN. V'là la patrouille.

La patrouille passe sur le pont. Nouveau bruit de pas.

POPLARD. La voilà qu'elle passe sur le pont. V'là qu'elle descend par ici. (*Mouvement.*) Eh! non... Tiens, c'est le père Crèvecœur. (*Crèvecœur descend.*) Eh, oui, parbleu, c'est lui... C'est toi, mon vieux?

SCENE III.

LES MÊMES, CRÈVECŒUR.

CRÈVECŒUR. Oui, me v'là, bonsoir.

CHALUMEAU. Eh ben! vieux, comment que ça va? nous avons donc gagné de l'argent aujourd'hui?

CRÈVECŒUR. Oui, oui, un peu.

CHALUMEAU. Combien qu'y t'a donné, ce bourgeois, pour porter ses malles?

CRÈVECŒUR. Une pièce de trois francs.

TOUS. Trois francs!

POPLARD. Plus que ça de pourboire! merci! Est-ce que t'as déjà tout avalé?

CRÈVECŒUR. Non, pas tout; il m'en reste encore.

POPLARD. Voyons, combien qu'y te reste?

CRÈVECŒUR, *tirant son argent*. Ah! j'sais pas, j'ai pas compté.

POPLARD. Voyons!

POPLARD. Trente sous. Comment, malheureux, tu n'as plus que trente sous! Je parie que tu as en perdu en route, t'as si peu de soin! Pour pus de sûreté, je vas te garder ça, moi.

CRÈVECŒUR. Ah! je veux bien.

CHALUMEAU. Du tout, du tout, je ne veux pas; je le connais, Poplard; sous prétexte de t'empêcher de le dépenser, il serait capable de le dépenser soi-même. (*Il le reprend à Poplard et le donne à Crèvecœur.*) Tiens, ma vieille, mets ça dans ta poche, pour boire ta petite goutte demain.

CRÈVECŒUR. Merci!

CHALUMEAU. C' pauvre vieux!... parce qu'il est abruti, c'est pas une raison pour lui prendre ce qu'il a... Allons, va te coucher, ma vieille; après ce que t'as bu aujourd'hui, tu dois avoir envie de faire dodo... Bonne nuit, papa Crèvecœur.

CRÈVECŒUR. Bonsoir! bonsoir!...

TOUS. Bonsoir, l'Abruti !

CRÈVECŒUR. Bonsoir !...

Il entre dans le bateau.

POPLARD. Ah çà, qu'est-ce que t'as donc à prendre comme ça ses intérêts?

CHALUMEAU. C'est mon idée... je veux qu'on aie pour lui les plus grands égards... qu'on lui laisse la meilleure place dans le bateau... et surtout, qu'on ne lui parle jamais de Marie Hubert.

CRÈVECŒUR, *sortant la tête hors du bateau.* Hein !... de quoi?

CHALUMEAU. Rien, rien... bonne nuit, mon vieux; ne fais pas de mauvais rêves...

Crèvecœur disparaît tout à fait.

SCÈNE IV.

LES MÊMES, PAUL, *arrivant par la berge qui se prolonge derrière le pont.*

PAUL, *timidement.* Pardon, mes amis... je venais...

TOUS. Tiens, c'est le nouveau.

PAUL. Mais je vous gênerai peut-être?

POPLARD. Nous gêner? pourquoi donc ça?

PAUL. Ah! c'est qu'en vous voyant aujourd'hui plus nombreux qu'à l'ordinaire, je craignais...

CHALUMEAU. De trouver vot' place prise?... allons donc, c'est sacré ça... est-ce que vous n'êtes pas un camarade... un habitué?

PAUL. Un camarade... en effet, voilà huit jours...

CHALUMEAU. Huit jours que vous v'nez passer la nuit ici... (*Mouvement de Paul.*) Ah! pardine, y a pas d'affront, on n'est pas déshonoré pour ça... n'est-ce pas, vous autres?

POPLARD. Tiens, j'y couche bien, moi!

CHALUMEAU. C'te bêtise!... est-ce que tu ne vois pas aux manières de monsieur, qu'y n'est pas habitué à vivre comme nous?

PLURE D'OIGNON. Ah çà! vous avez donc eu des malheurs?

PAUL. Des malheurs!... Non... ce sont mes propres fautes qui m'ont conduit à cet état de misère et de honte... je ne puis accuser que moi-même... Le désir de briller, une ambition au-dessus de mes moyens, m'ont entraîné à contracter des dettes...

CHALUMEAU. Tu entends, Plure d'Oignon!... ménage ta fortune, mon bonhomme.

PAUL. Délaissé, abandonné par ceux qui se disaient mes amis, poursuivi par mes créanciers, je n'osai bientôt plus rentrer chez moi, où m'attendaient un désespoir plus poignant que le mien, des reproches plus cruels encore que ceux de ma conscience.

CHALUMEAU. Bon, bon, je comprends pas!... Comprenez-vous, vous autres?...

TOUS. Ma foi, non!...

CHALUMEAU. Mais n'importe, faut reprendre un peu de courage... il ne faut quelquefois qu'un instant pour vous remettre à flot.

PLURE D'OIGNON. Tiens! et avec ça qu'y couche sur l'eau, c'est déjà un commencement... Ah çà! soupe-t-on, ici?

CHALUMEAU. Ça me va! j'régale!

POPLARD. Passons dans la salle à manger.

Ils remontent la berge et vont s'asseoir au bas de la pile du pont.

PAUL, *se tenant à l'écart.* Huit jours déjà de ce cruel supplice; huit jours pendant lesquels le remords et la faim sont venus m'assiéger sans relâche... j'ai cherché du travail, mais on m'a demandé l'emploi de ma vie passée, et la honte m'a monté au visage... Chaque soir me ramène parmi ces misérables, cent fois moins à plaindre que moi, car je les vois dormir à mes côtés, tandis que de cruels souvenirs me tiennent éveillé.... Louise, pauvre Louise, que je ne me suis rappelée que dans le malheur, comme elle a dû souffrir depuis mon abandon! Mon amour seul, disait-elle, lui donnait du courage; et maintenant quels doivent être sa misère et son désespoir!... Oh! si je n'écoutais que le cri de mon cœur, je braverais tout, je courrais près d'elle... Hélas! j'entendrais ses sanglots et ses plaintes, je verrais couler ses larmes... Oh! pardonnez-moi, mon Dieu! mais je me sens trop coupable, je n'en aurais pas le courage.

POPLARD. Ah! ma foi, nous avons bien soupé.

CHALUMEAU. Allons, Plure d'Oignon, pour dessert, ta chanson... ta chanson.

TOUS. Oui, oui, la chanson.

PLURE D'OIGNON. Eh ben, m'y v'là!... Écoutez ça, vous autres... Le refrain en chœur, mais modérément, de peur d'attirer la patrouille.

Il chante la chanson des bohémiens, dont tout le monde répète le refrain, tandis que Paul se tient à l'écart.

AIR *de M. Arthus.*

PREMIER COUPLET.

Fouler le bitume
Du boulevard, charmant séjour,
Avoir pour coutume
De n'exister qu'au jour le jour,
Lorsque l'on voyage,
Sur son dos, comme le limaçon,
Porter son bagage,
Son mobilier et sa maison.
Vivre d'industrie, (*Bis.*)
Avoir sa gaîté pour tout bien,
Et voilà la vie
Du vrai bohémien
Parisien.
Et voilà la vie,

Oui, voilà la vie
Du vrai bohémien parisien.
Voilà la vie,
Voilà la vie
Du vrai bohémien parisien.

DEUXIÈME COUPLET.

Oiseau de passage,
Il fréquente tous les quartiers;
Sans apprentissage
Il fait plus de vingt petits métiers;
Mais l' pain qu'il soutire.
Aux bons jobards, aux gens bien mis,
Le soir, sans rien dire,
Il l' partage avec ses amis.
Vivre d'industrie, etc.

TROISIÈME COUPLET.

Auprès de nos belles
Comme un volcan il est cité;
Pourtant avec elles
Il a très-peu de fixité.
Qu'une brune en ce monde
Lui fass' des traits et des noirceurs,
Il en prend un' blonde,
Afin de varier les couleurs.
Vivre d'industrie, etc.

On entend la voix de Bagnolet qui chante au loin le premier couplet.

CHALUMEAU. Tiens, qu'est-ce qui chante donc là-bas?

POPLARD. Ça vient d'une barque... elle nage par ici.

On aperçoit alors une barque qui descend sur le devant et dans laquelle se trouvent Bagnolet et Didier, tous deux couverts d'une blouse et d'une casquette.

SCÈNE V.

LES MÊMES, BAGNOLET, DIDIER.

CHALUMEAU. Tiens, c'est Bagnolet.

TOUS. Bagnolet!

BAGNOLET. Oui, les amis.

REPRISE DU CHŒUR.

Vivre d'industrie, etc.

CHALUMEAU. Te voilà donc, mon bon Bagnolet?

BAGNOLET. Oui, les enfants, et avec un camarade, un ami dont je réponds. Ça vous va-t-il?

CHALUMEAU. Nous tâcherons d'arranger ça... Poplard, faut des oreillers en plus; va me chercher deux pavés : moi, je vas rélargir le sommier. Venez m'aider, vous autres.

Chalumeau, Poplard et Plure d'Oignon vont au bateau, les autres remontent la scène, Didier et Bagnolet se trouvent seuls sur le devant.

DIDIER. Eh quoi! c'est parmi des vagabonds que je dois retrouver mon frère!... je comprends maintenant pourquoi tu as voulu nous affubler de ce costume... cette blouse... sous laquelle se cache parfois le bohémien, mais qui recouvre aussi le brave et honnête ouvrier...

BAGNOLET. Justement... avec ça on ressemble à tout le monde.

DIDIER. Et tu es certain que c'est ici...

BAGNOLET. Que Paul vient coucher depuis huit jours; j'en suis sûr... mais ce que j'ai encore à vous apprendre, c'est que nous ne sommes pas seuls à sa recherche.

DIDIER. Comment? que veux-tu dire?

BAGNOLET. Que deux autres viendront ici comme nous, Montorgueil et Digonart.

DIDIER. Je ne les connais pas.

BAGNOLET. Non; mais je les connais, moi, et je suis bien sûr qu'il y a là-dessous quelque machination.

DIDIER. Ces deux hommes sont donc...

BAGNOLET. Deux bohêmes finis...

DIDIER. Eh bien, puisque je veux savoir quelle est sa position, connaître ses malheurs ou ses fautes, son passé, et ses projets pour l'avenir, restons... et observons bien... Mais comment savoir s'il est déjà ici?...

CHALUMEAU, *sortant du bateau.* Là... voilà qui est fini; l'appartement est prêt.

POPLARD. Chut! j'entends des pas.

CHALUMEAU, *bas.* C'est peut-être encore une patrouille... tiens, on descend l'escalier.

POPLARD. Est-ce que ce serait encore des nouveaux locataires?

CHALUMEAU. Eh! non, c'est des messieurs, c'est trop bien mis pour nous.

BAGNOLET, *bas à Didier.* Je les reconnais, ce sont nos hommes.

Il l'emmène à l'écart, à droite.

SCÈNE VI.

LES MÊMES, MONTORGUEIL, DIGONARD.

MONTORGUEIL. Deux mots, s'il vous plaît, mes amis!

CHALUMEAU, *effrayé.* Hein?... de quoi?... qui vive?

DIGONARD. Ne craignez rien; nous ne venons pas troubler vos ébats nocturnes : monsieur et moi, nous sommes à la recherche de quelqu'un...

CHALUMEAU. Quelqu'un?... connais pas... nous n'avons personne de ce nom-là.

MONTORGUEIL. Dites-moi, mes bons amis, n'avez-vous pas remarqué ici depuis quelques jours un jeune homme, pauvrement vêtu, mais d'une figure distinguée?

PLURE D'OIGNON. D'une figure distinguée? C'est peut-être moi qu'y cherchent.

CHALUMEAU. Attendez donc, j'ai peut-être ben votre affaire... Comment qu'y se nomme vot' jeune homme?

DIGONARD. Il se nomme Paul Didier.

DIDIER. Paul Didier!

CHALUMEAU. Paul Didier!

PAUL, *qui se tenait couché au bas de la pile du pont.* Mon nom!... (*Se rapprochant.*) Hein, que me veut-on? qui m'appelle?

DIGONARD. C'est lui !

MONTORGUEIL. C'est lui-même !

DIDIER. Le voilà !...

PAUL. Digonard !... Montorgueil !

CHALUMEAU, *à part*. Tiens, tiens, tiens... y se connaissent.

PAUL. Que me voulez-vous ? quel motif vous amène ici ?

MONTORGUEIL. Tu vas le savoir ; mais d'abord fais éloigner ces braves gens.

PAUL. Veuillez me laisser, mes amis.

CHALUMEAU. Ça suffit... du moment que c'est un secret entre ces messieurs et vous... on s'en va... Allons tous coucher.

TOUS. Allons-nous coucher.

Ils entrent dans le bateau.

BAGNOLET, *bas.* Ici, nous pourrons tout entendre.

Ils se placent tous deux à droite, Bagnolet derrière un tonneau, Didier dans l'ouverture du bateau à charbon, et écoutent.

DIDIER. Dans quel état, grand Dieu !... Oh ! mon cœur se brise... et je voudrais...

BAGNOLET. Silence, et écoutons.

SCÈNE VII.

PAUL, MONTORGUEIL, DIGONARD, DIDIER *et* BAGNOLET, *au fond.*

PAUL. Eh bien, à présent, nous voilà seuls, parlez ! qui vous amène ? vous, qui m'avez ruiné, perdu, venez-vous jouir du spectacle de ma misère ?

MONTORGUEIL. Au contraire, ingrat, nous venons t'en tirer.

PAUL. M'en tirer !... vous !

DIGONARD. Oui, Paul, et dès demain il ne tiendra qu'à vous de recommencer cette existence de luxe et de plaisirs que vous meniez autrefois.

PAUL. Se pourrait-il ?... mais par quel miracle ? Vous savez bien que je ne possède rien, que je n'ai rien à espérer de l'avenir.

MONTORGUEIL. Excepté la fortune que nous venons t'apporter.

PAUL. La fortune !

MONTORGUEIL. Oui, les coffres de Digonard sont bien garnis, tu le sais ; dès demain tu y puiseras autant que tu voudras.

DIGONARD. Permettez ! permettez !... je vous ferai quelques avances... pour vous vêtir, vous meubler, vous garnir.

PAUL. Eh quoi ? je quitterais enfin ces haillons qui me pèsent, qui me brûlent !... et vous dites que cela ne dépend que de moi seul ?...

MONTORGUEIL. De toi seul !

PAUL. Mais que faut-il faire ?... parlez, parlez vite...

MONTORGUEIL. Ceci est notre secret... on t'instruira plus tard... jusque-là, il ne faut que te laisser faire... consentir à être heureux, sans t'informer du reste... ce n'est pas bien difficile.

PAUL. Mais de quoi s'agit-il ?

DIDIER, *qui veut s'élancer.* Oh ! de quelque infamie, sans doute !

BAGNOLET, *le retenant.* Chut ! donc.

MONTORGUEIL. Il s'agit d'une haute spéculation, dans laquelle tu nous es indispensable ; quant à la moralité, aux dangers de l'affaire, Digonard est trop riche pour rien entreprendre qui puisse le brouiller avec le parquet... Enfin, veux-tu, oui ou non, sortir de la fange où tu es tombé ?

PAUL. Sans doute, mais...

MONTORGUEIL. Veux-tu ressaisir la fortune qui t'a échappé une fois... cette existence brillante, que tu rêvais jadis ?

PAUL. Si je le veux ?

DIGONARD. Acceptez donc alors, et demain vous porterez les habits les plus riches, les plus élégants.

MONTORGUEIL. Dès demain tu coucheras dans un brillant hôtel.

DIGONARD. Vous roulerez dans un joli cabriolet.

MONTORGUEIL. Tu dîneras au boulevard Italien.

DIGONARD. Vous aurez votre stalle à l'Opéra.

MONTORGUEIL. Et bientôt, bientôt tu seras millionnaire.

PAUL. Moi ?... Il serait possible ! et sans crime, sans déshonneur, vous me le jurez ?

MONTORGUEIL. Nous le jurons... D'ailleurs, tu en jugeras toi-même ! car demain tu sauras tout.

PAUL. Demain ! venez donc alors... Oh ! cette nuit va me sembler un siècle ; car demain, c'est l'oubli de mes souffrances passées ; le bonheur ! la fortune !... l'accomplissement de mes plus beaux rêves.

MONTORGUEIL, *bas.* Il est à nous !... (*Haut.*) Partons !

Ils sortent tous les trois.

DIDIER. Oui, ce doit être quelque infamie que ces hommes méditent, et je veux...

BAGNOLET, *l'arrêtant.* Du tout, vous n'irez nulle part, ou ça serait tout gâter... Restez ici ; dans un instant nous saurons de quoi il retourne ; pour ça, je vais les suivre à la piste et savoir où ils vont le loger... Vous connaissez ma demeure, demain je vous en rendrai bon compte... ils sont à deux cents pas d'avance, mais je peux leur donner ça d'escarpe...

DIDIER. Mais il faudrait alors...

BAGNOLET. Être bien sûr de les rattraper... soyez tranquille, allez... je suis jambé comme un coq, et j'ai la rate en caoutchouc.

Il sort en courant.

SCÈNE VIII.

DIDIER, LOUISE.

DIDIER. O malheureux frère ! Et dans ses rêves de richesse, de bonheur, pas un mot, pas une pensée pour Louise ! (*A part.*) Et depuis huit jours, s'il est sans ressource, sans asile, que sera devenue cette pauvre femme ? infortunée ! quelle aura été sa vie ? Hélas ! je l'avais rêvée si heureuse et si belle ! je voulais l'entourer de tant de soins, de tendresse... Ah ! Louise ! Louise !

Pendant les dernières paroles de Didier, Louise a paru sur le pont.

LOUISE, *sur le pont.* Allons, plus d'hésitation... Il le faut ! il le faut !

DIDIER. J'ai cru entendre...

LOUISE. Mon Dieu ! mon Dieu !

DIDIER. Oui, ce sont des gémissements, des plaintes.

LOUISE. Hélas ! j'ai épuisé toutes les souffrances, toutes les misères, et son amour me manque... et il m'abandonne...

DIDIER. Oh ! cette voix ! cette voix !... je crois reconnaître...

LOUISE. Mon Dieu, pardonnez-moi ; ce que je vais faire est un crime... mais je ne puis supporter l'abandon de Paul.

DIDIER. De Paul, de Paul ! Oh ! c'est elle, c'est Louise !

LOUISE. Et toi, ma pauvre mère, toi qui es au ciel, prie pour ta fille qui va mourir.

DIDIER. Mourir ! elle ! Oh ! arrêtez ! arrêtez !

Il s'élance vers le pont.

LOUISE. Quelqu'un !

Elle traverse le pont et s'élance. On voit un corps qui tombe dans l'eau.

DIDIER. Perdue ! perdue ! Ah ! la sauver ou mourir avec elle ! du secours ! du secours ! (*Il s'élance sur la berge.*) Eh quoi ! personne ne m'aidera-t-il à la secourir ?

CRÈVECŒUR, *paraissant debout, sur un bateau qu'il a détaché.* Si, me v'là, moi !

Didier se jette à l'eau, tandis que les autres détachent un bateau.

TOUS. Du secours ! du secours !

Second Tableau.

Une mansarde ; au fond la fenêtre ; sur le côté à droite la porte ; pour meubles : une commode, une table, une chaise

SCÈNE PREMIÈRE.

BAGNOLET, seul. *Il est en train de savonner.*

Il est cinq heures du matin, tout dort encore dans la nature... tout, excepté moi, que l'amour tient éveillé... l'amour et le savonnage !... oui, je suis contraint de me blanchir moi-même, surtout maintenant qu'Arthémise étant revenue, je tiens à être coquet... Ah ! voilà qui est fini ; à présent étendons tout mon linge : un mouchoir, trois chaussettes, un faux col. (*Il étend sur une corde les objets qu'il désigne au fur et à mesure.*) Il n'est pas nombreux mon linge... ça n'est pas la place qui lui manque... c'est le cas de dire... il danse sur la corde... J'ai peut-être fait une boulette en installant Arthémise en face de moi... généralement, plus on est en face, plus on voit... je n'avais pas songé à cet effet d'optique. Tiens, et mon eau de savon que j'oubliais de jeter... A cinq heures du matin, c'est bien le diable isi elle m'aperçoit... (*Il prend la cuvette et s'approche de la fenêtre.*) Ciel !... Arthémise... déjà levée !... la malheureuse ! C'est son amour qui l'empêche de dormir... Elle ne bouge pas de sa fenêtre. Oh ! une idée ! persuadons-lui que j'ai encore le domestique qu'elle m'a connu jadis !... oui, en me vêtissant de ce que j'ai conservé de sa livrée... (*Il va ouvrir le tiroir de la table, et y prend une manche rouge.*) Diable ! voilà tout ce qu'il m'en reste de la livrée, une manche de gilet... Après ça, en ne passant qu'un bras par la fenêtre... elle supposera que le reste est vêtu de même ; c'est ça... (*Il passe la manche à son bras droit.*) Déguisons toujours ceci en groom... Au fait, mon domestique a été si longtemps mon bras droit, que mon bras droit peut bien aujourd'hui passer pour mon domestique... là, maintenant... (*Très-haut, comme s'il s'adressait à quelqu'un.*) John ! videz cette cuvette, et préparez mes essences. (*Imitant l'accent anglais.*) Yes, yes, mylord... je faisais cette chose tot de souite !...(*Il prend le vase, s'approche de la fenêtre, ne laissant voir que le bras couvert de la manche rouge.*) C'est délicieux... je suis sûr que ça prend très-bien ! (*Il se retire et élevant encore la voix.*) C'est bien... maintenant, John, apportez-moi mes bottes... (*Reprenant l'accent anglais.*) Vos bottes, mylord... ils n'étaient pas encore nettoyées... (*Voix naturelle.*) Pas encore nettoyées... comment, drôle, vous n'avez pas ciré mes bottes ! (*Avec l'accent anglais*) Voilà, voilà, mylord... né impatientez pas vo... je dépêchais moâ... (*Il frotte très-fort. Ici la porte du fond s'ouvre doucement ; Arthémise pa-*

rait, et écoute sans être vue.) Allons donc... plus vite que ça, vous n'en finissez pas, John...

ARTHÉMISE, *à part.* Ah! ça, qu'est-ce qu'il dit donc, avec son jaune?

BAGNOLET. Yès, yès, mylord. Je dépêchais moi ; très-fort... très... (*Il se retourne et aperçoit Arthémise, qui est entrée depuis un instant et a tout observé. Il laisse tomber sa botte et reste pétrifié.*) Oh!

SCÈNE II.

BAGNOLET, ARTHÉMISE.

ARTHÉMISE. Avez-vous fini vos manières? Mais dépêchez-vous donc, très-fort, très-fort.

BAGNOLET. Elle a tout entendu.

ARTHÉMISE. Ah! comme c'est malin !... comme c'est spirituel... Mais frottez, frottez donc, monsieur John.

BAGNOLET, *à part.* Je suis pincé... c'est clair !

Il ôte furtivement le linge qui est sur la corde, et le fourre dans sa poche.

ARTHÉMISE. Eh bien, où est-il donc ce groom? je ne le vois pas...

BAGNOLET. Je viens de l'envoyer en commission... il est allé me changer un billet de banque.

ARTHÉMISE. Bon, bon... je connais cette banque-là !... Et ce sixième étage que vous occupez, c'est pour être en bon air ; votre meuble d'acajou est chez le tapissier... et... et ces charmantes bretelles... (*Elle touche les ficelles qui lui en servent.*) Ce sont des femmes qui vous les ont brodées.

BAGNOLET. Arthémise , vous aimez à plaisanter... ce sont de simples bouts de ficelles que je...

ARTHÉMISE. Oui, ça vous fait des bretelles ficelées... (*Avec gentillesse.*) Allons, allons, soyez donc tout simple, tout naturel... pourquoi vous faire plus riche que vous n'êtes?... est-ce que vous avez besoin de ça pour me plaire ?... est-ce qu'une simple grisette comme moi ne sait pas bien ce que c'est que la débine?

BAGNOLET. Au fait, vous avez raison ; à bas la gloriole ! Ce que j'en faisais, c'était pour ménager vos nerfs, votre sensibilité... je voulais vous cacher quelque temps ma détresse... mais c'est fini, je serai franc avec vous... Oui, Arthémise, mes jours de fortune sont passés ; Arthémise, je possédais un charmant mobilier, mais je m'en suis défait par autorité de justice... Arthémise, j'étais orné de bijoux qui me venaient de mon oncle, je les ai déposés chez ma tante... Arthémise, j'avais à mon service un laquais tout habillé de panne... le laquais est parti, la panne seule m'est restée.

ARTHÉMISE. A la bonne heure, voilà de la franchise.

BAGNOLET. Oui, Arthémise !... A la reine des pannes, voilà mon enseigne.

ARTHÉMISE. Eh bien, j'avais vu ça au premier coup d'œil.

BAGNOLET. Ah! bah! vous aviez remarqué..

ARTHÉMISE. Votre habit râpé, vos souliers peu vernis, votre chapeau déformé !

BAGNOLET. Ah! le fait est qu'en voilà un qui pourrait afficher : On demande un remplaçant ! Et cette découverte-là ne vous a pas fait changer à mon égard ?

ARTHÉMISE. Au contraire, elle m'a fait plaisir.

BAGNOLET. Comment, plaisir ?

ARTHÉMISE. Eh! oui, car ça nous rapproche... ça me met à mon aise avec vous !... Écoutez-moi, vous m'avez l'air d'un bon garçon...

BAGNOLET. Oh! pour ça... la fleur des bons garçons, le dessus du panier.

ARTHÉMISE. Sans être tout à fait un Adonis, vous n'êtes pas trop mal.

BAGNOLET. Dites que je suis très-joli, et n'en parlons plus.

ARTHÉMISE. En outre, je vous crois capable de rendre une femme heureuse.

BAGNOLET. Heureuse !... oh oui, trop heureuse !... la malheureuse !

ARTHÉMISE. Eh bien ! alors, soyez laborieux, rangé, économe, et je partage avec vous mon petit héritage, je consens à vous épouser.

BAGNOLET. Comment ! vous consentez... vous partagez... vous m'épousez... vous, si bonne, si aimable, si gentille... O Dieu ! la joie, le ravissement, le bonheur !... je sens que je vais me trouver mal.

ARTHÉMISE. Allons, allons, pas de bêtises, nous n'avons pas le temps ; dès demain, nous publions les bans , et nous ferons la noce...

BAGNOLET. C'est ça, nous ferons la noce dans un joli endroit, à la Chatte amoureuse!

DIDIER, *hors scène.* Bagnolet.

ARTHÉMISE, *écoutant.* Tiens , on dirait qu'on vous appelle.

BAGNOLET. Moi, impossible ; je n'attends personne.

DIDIER. Bagnolet !

ARTHÉMISE. Mais, si fait... (*ouvrant la porte*) j'entends bien...

SCÈNE III.

LES MÊMES, DIDIER, CRÈVECŒUR *portant* LOUISE *évanouie.*

DIDIER. Ah! te voilà ; je craignais de ne pas te trouver.

BAGNOLET. Rassurez-vous, je ne suis pas sorti... Mais qu'y a-t-il donc?

DIDIER. Plus tard... plus tard, tu sauras tout...

Il va rouvrir la porte. Entre Crèvecœur portant Louise évanouie dans ses bras.

BAGNOLET *et* ARTHÉMISE. Une femme évanouie!

DIDIER. O mes amis! secourez cette infortunée!

BAGNOLET *et* ARTHÉMISE. Oui... oui...

ARTHÉMISE, *à Bagnolet*. Une chaise! vite, une chaise! (*Elle prend la chaise des mains de Bagnolet et aide Didier à y placer Louise.*) Il faudrait peut-être lui faire respirer quelque chose!... (*A Bagnolet.*) Avez-vous de l'eau de Cologne, ou seulement du vinaigre ici?...

BAGNOLET. Je n'ai que de l'huile à quinquet...

ARTHÉMISE. Bêtat!... (*Regardant Louise.*) Comme elle est pâle!... et puis ses vêtements sont encore humides... Ah! mon Dieu, je devine...

DIDIER. A cette heure, toutes les maisons étaient fermées... et cependant il fallait lui donner des soins... lui trouver un abri.

BAGNOLET. Alors, vous vous êtes rappelé mon adresse?

DIDIER. Tu logeais à deux pas... et nous avons pu la transporter jusqu'ici.

BAGNOLET. Vous avez bien fait... ma chambre, mon mobilier, tout est à votre service.

DIDIER. Attendez!... là voilà qui rouvre les yeux... Pardon, mes amis... mais je voudrais lui épargner l'embarras... la honte...

ARTHÉMISE. Je comprends. J'emmène M. Bagnolet. Si vous aviez besoin de moi, je loge vis-à-vis de chez lui, vous pourriez m'appeler.

BAGNOLET. Oui, nous logeons vis-à-vis de chez moi... c'est-à-dire non... c'est Mademoiselle qui...

DIDIER. C'est bien, allez, allez mes amis!

ARTHÉMISE. Pauvre femme! je suis sûre que c'est quelque désespoir amoureux!... oh! ces monstres d'hommes!... Monsieur Bagnolet... vous n'avez qu'à bien vous tenir...

BAGNOLET. Ah! bah!

Ils sortent.

SCÈNE IV.

DIDIER, LOUISE, *assise*, CRÈVECŒUR, *au fond*.

LOUISE, *revenant à elle*. Où suis-je? où m'a-t-on conduite?

DIDIER. Près de gens qui vous aiment.... qui vous plaignent... qui voudraient vous rendre au bonheur.

LOUISE. Au bonheur!... Hélas! il n'en est plus pour moi!

DIDIER. Ne le croyez pas!... Louise, revenez à vous, regardez-moi... ne reconnaissez-vous plus votre ami d'enfance... Charles Didier?

LOUISE. Charles Didier!... vous!...

DIDIER. Oui, c'est moi qui reviens pour veiller sur vous... qui ne vous quitterai plus maintenant.

LOUISE. Ah! oui, c'est vous, Charles!.... vous que je revois, que je retrouve!... Mais dans quel moment, grand Dieu!

DIDIER. Pauvre femme! vous vouliez mourir!

LOUISE. Ah! oui... oui... je me rappelle tout à présent... Le désespoir!... le délire... Ah! pourquoi m'a-t-on arrachée à la mort?... C'était le terme de mes angoisses... de mes tortures.

DIDIER. Que dites-vous?... N'y a-t-il plus d'espérance sur terre? N'y a-t-il plus au ciel de miséricorde?

LOUISE. De miséricorde!... Ah! je le vois, vous ne savez pas tout ce que j'ai souffert, par quelles douleurs mon âme a été brisée.

DIDIER. Pauvre Louise!

LOUISE. Sans famille, sans amis sur la terre, je n'avais qu'un seul homme sur lequel je pusse m'appuyer... cet homme, je lui avais tout donné, mon amour, mon dévouement, mon âme, et jusqu'à mon honneur.

DIDIER. Oh! oui, je le sais!... je le sais!

LOUISE. Cet homme j'avais consenti à le suivre, à partager son sort!... C'était une faute, le ciel m'en a cruellement punie... mais il était venu à moi, dans ma solitude; il m'avait le premier fait entendre de douces paroles d'amour... et moi, pauvre orpheline, je n'avais là personne pour me défendre contre mon propre cœur, personne pour me conseiller, pour me conduire... et puis, il m'avait juré de ne jamais se séparer de moi; il m'avait juré que je serais sa femme, et je l'aimais tant qu'il me semblait qu'il ne pouvait mentir! Vous savez bien, on croit ce qu'on espère.

DIDIER. Continuez, Louise, continuez!

LOUISE. Nous arrivâmes à Paris! là, au lieu de cette vie tranquille que j'avais rêvée, ce furent des fêtes, des plaisirs... quand je hasardais quelques conseils, il me répondais en riant que j'étais folle.

DIDIER. Le malheureux!... il cherchait à se tromper lui-même, à s'étourdir sur le sort qui l'attendait! il fermait les yeux pour ne pas voir l'abîme.

LOUISE. Cette existence dura une année... Alors peu à peu je vis diminuer nos ressources. Paul devint triste et sombre... Je compris qu'il ne lui restait plus que mon amour... et je l'entourai de soins, de tendresse.

Nous étions sans ressources, et je travaillai.

DIDIER. Vous !... vous, Louise !

LOUISE *à part.* Mais, hélas! c'est si peu de chose que le travail d'une pauvre femme!... Je passais les nuits à broder, et cela suffisait à peine pour nous donner du pain... Un jour le travail me manqua tout à fait... je connaissais la misère, je connus la faim....

DIDIER, *à part.* La misère et la faim !... pour elle! tandis que pour elle aussi, j'amassais le fruit de mon travail... Oh! mon Dieu! j'étais heureux là-bas, je me réjouissais en songeant que bientôt j'aurais une fortune à lui offrir !... Et pendant ce temps elle souffrait de la misère, elle subissait les tortures de la faim...

LOUISE. Mais ce n'était rien encore, car bientôt je devais connaître l'abandon.

DIDIER. Oui, il a pu l'abandonner lâchement lui!

LOUISE. Il y a huit jours, il ne reparut pas.... Oh! je fus inquiète... bien inquiète... j'attendis un jour, puis deux... puis trois... je pleurai longtemps, et puis quand il ne me resta plus de larmes à verser, quand je compris que je n'avais plus rien à attendre ni à espérer dans ce monde, ma tête se perdit; je pensai à ma mère, je priai Dieu de me pardonner, et j'ai voulu mourir.

Elle se lève.

DIDIER. Mourir !...

Ici Crèvecœur essuie une larme en regardant Louise.

LOUISE, *à Didier.* Vous pleurez mon ami !

DIDIER. Oui, oui je pleure... oui, les larmes m'étouffent et me suffoquent... Oh! c'est que vous ne pouvez pas comprendre ce que j'éprouve... ce que je souffre en apprenant que tant de malheurs vous ont accablée... vous... vous que j'ai tant aimée, vous que j'aime encore! (*Se reprenant.*) Que j'aime comme une amie! comme une sœur, entendez-vous? comme une sœur !..

LOUISE. Charles, votre affection est un bienfait que le ciel aurait dû me rendre plustôt.

DIDIER. Mais rassurez-vous, Louise; tout bonheur, tout espoir n'est pas fini pour vous. Vous reverrez mon frère... je vous rendrai Paul, et, je vous le jure, il sera votre époux.

LOUISE. Que dites-vous? Ah! s'il était vrai... s'il m'aimait encore, je bénirais ceux qui m'ont sauvée. Mais ceux-là, vous devez les connaître, quels sont-ils?

DIDIER. J'avais tant de fois demandé à Dieu de veiller sur vos jours, qu'il était bien juste qu'il se servît de moi pour vous les conserver.

LOUISE. Vous, c'est vous! O mon ami!

DIDIER. Oui, Louise, un hasard providentiel m'avait conduit sur vos pas; je vous ai sauvée, aidé de ce pauvre homme qui se tient à l'écart.

LOUISE. Il serait vrai! Ah! ma reconnaissance...

CRÈVECŒUR. Pourquoi? j'étais là, v'là tout.

DIDIER, *bas, à Louise.* C'est un infortuné; l'abus des liqueurs a détruit sa raison.

LOUISE, *le regardant.* Pourtant son visage n'est empreint que d'une sombre douleur... Croyez-moi, mon ami, les malheureux se comprennent ou se devinent, et je suis sûre que lui aussi a beaucoup souffert.

CRÈVECŒUR. Souffert !... Oh! oui, bien souffert!

LOUISE, *à Didier.* Je vous le disais bien.

DIDIER, *passant près de Crèvecœur.* Eh bien, pour effacer un passé qui, je le vois, a été plein d'amertume, pensez qu'elle vous doit la vie et que ce souvenir...

CRÈVECŒUR. Des souvenirs... je n'en veux pas. Quand je me rappelle trop... quand ça me revient là... (*indiquant la tête*) et là... (*le cœur*) y faut boire, pour m'étourdir, pour oublier... et quand je n'ai pas de quoi, je suis malheureux, je souffre, et... et je pleure.

LOUISE. L'infortuné !

DIDIER. Tenez; voilà de quoi vous faire oublier vos chagrins pendant quelque temps.

Il lui donne de l'argent.

CRÈVECŒUR. Tout ça! Non, c'est trop! On me le prendrait... seulement de quoi boire deux jours. (*Il prend une pièce de monnaie parmi celles que lui a données Didier et lui rend le reste, que celui-ci glisse sans être vu dans la veste de Crèvecœur.*) Après ça nous verrons... ou ben... ou ben, je serai p'têtre mort.

LOUISE *et* DIDIER. Mort !

CRÈVECŒUR. Adieu! adieu! merci!

LOUISE. Arrêtez! N'est-il donc pas d'autre moyen d'oublier?...

DIDIER. Pourquoi désespérer toujours?

LOUISE. Pourquoi dans vos souffrances ne vous êtes-vous pas adressé à Dieu?

CRÈVECŒUR. Eh ben! et vous? vous vouliez vous tuer.

LOUISE. Oh! j'étais coupable, j'étais folle! et puis, je l'aime tant... lui!

CRÈVECŒUR. Eh ben! moi, je suis fou! et puis, je l'aimais tant... elle!

LOUISE. Elle! c'est une femme que vous regrettez !

CRÈVECŒUR. Oui, ma femme, à moi seul.

LOUISE. Et qu'est-elle devenue?

DIDIER. Où est-elle?

CRÈVECŒUR. Là-haut.

Il indique le ciel.

DIDIER. Pourquoi ne pas attendre avec courage le jour où vous devez la revoir? Pourquoi, si vous cherchez l'oubli, ne pas le demander au travail?

LOUISE. A la prière? Est-ce que cela ne vaudrait pas mieux? est-ce que cela ne plairait pas davantage à celle qui est là-haut?

CRÈVECŒUR. A elle! oui, peut-être... peut-être.. Mais c'est trop tard... trop tard! A présent, je ne peux plus... je... je bois, je m'étourdis et j'attends.

LOUISE. Pauvre homme!

DIDIER. Le malheureux!

SCENE V.

LES MÊMES, BAGNOLET.

BAGNOLET. Peut-on entrer?

DIDIER. Ah! c'est toi! que veux-tu?

BAGNOLET. Bonne nouvelle, excellentes nouvelles, et j'ai des renseignements sur notre homme.

DIDIER. Sur mon frère!

LOUISE, à part. Paul! des nouvelles de Paul!

DIDIER. Parle, parle vite!

BAGNOLET. Voilà. Je connais tous leurs projets. Monsieur Paul va faire aujourd'hui une affaire superbe, et moins coupable que nous ne pensions...

DIDIER. Mais de quoi s'agit-il?

BAGNOLET. D'un monsieur Desrosiers.

DIDIER. Desrosiers!

BAGNOLET. Qu'on dit riche à millions, et dont Paul va épouser la fille!

DIDIER. Grand Dieu!

LOUISE, tombant sur une chaise. Se marier! se marier!... Ah! pourquoi ne m'ont-ils pas laissée mourir.

BAGNOLET, étonné. Eh bien! qu'a-t-elle donc?

DIDIER. Ah! malheureux! qu'as-tu fait? Mais c'est elle... elle, que Paul a séduite, et dont tu viens de briser le cœur!

BAGNOLET. Se peut-il?

DIDIER. Louise, soyez sans crainte; ce mariage n'aura pas lieu, je vous le jure, car c'est un infâme subterfuge que je devine... Ma présence suffira pour déjouer leurs projets et renverser l'imposture. Bagnolet, tu vas me conduire...

BAGNOLET. Où donc?

DIDIER. A l'hôtel de Desrosiers.

Il sort suivi de Bagnolet. La toile tombe.

ACTE TROISIÈME.

Premier Tableau.

Un riche salon de café-restaurant.

SCÈNE PREMIÈRE.

GARÇONS, MONTIZON, puis BAGNOLET.

MONTIZON, à une table parcourant un journal. A part. Encore personne! et déjà deux verres d'absinthe et sept journaux de consommés, et je n'aperçois aucune figure de connaissance. (Haut.) Garçon! garçon!

LE GARÇON. Monsieur?

MONTIZON. Est-ce que vous n'avez pas vu ces messieurs?

LE GARÇON. Pas encore.., d'ailleurs, je crois qu'il doivent dîner aujourd'hui à la campagne de M. de Saint-Julien.

MONTIZON, à part. Diable! moi qui justement comptais le trouver ici... Je commence à croire mon dîner bien aventuré.

LE GARÇON. Après ça, monsieur sait bien que nous n'avons personne à cette heure-ci... il n'est que six heures... tout le monde est encore au cercle, au club....,

MONTIZON, à part. C'est juste!... attendons!...

Il se met à lire.

BAGNOLET, mis très-élégamment. mais d'une manière outrée. Enfin. me voilà revenu dans le quartier Italien; je respire de nouveau l'air embaumé du boulevard de Gand! me voilà redevenu un tigre, un lion, un dandy!... je ne suis plus un simple palto-quet; je fais partie des gants serins les plus comme il faut... je suis un jeune bottes-vernies très-distingué, tout ça grâce à la munificence de mon ex-petit copin Didier, qui a appris à l'hôtel que M. Desrosiers devait dîner ici aujourd'hui... et m'a envoyé à la découverte, avec ordre de le prévenir si je le rencontre.

MONTIZON, à part. Quel est ce monsieur?

BAGNOLET. Par malheur, je suis si bête que je n'ai songé qu'à embellir l'extérieur sans réserver quelque chose pour le dedans... il ne me resterait pas même de quoi dîner si la fantaisie m'en prenait... Mais bah! je rencontrerai quelque ancien compagnon de folies... qui...

MONTIZON, s'avançant. Eh! parbleu, je ne me trompe pas... c'est bien lui; c'est Bagninski.

BAGNOLET, à part. Bagninski... la finale polonaise que je portais au temps de ma splendeur!.... (*Haut, et lorgnant.*) Eh! mais... si je ne suis pas myope, c'est ce fou de Montizon.

MONTIZON. Moi-même, mon cher !... Aménor de Montizon ! Ah ça, qu'es-tu donc devenu ?... je te croyais dans le malheur... mais te voilà plus resplendissant que jamais.

BAGNOLET, *avec fatuité.* Mais oui... mais oui, mon bon ami.

MONTIZON. Tu as donc enterré trois oncles, ou fait quelque belle entreprise ?

BAGNOLET, *de même.* Mais oui... mais oui

MONTIZON. Ce cher Bagninski ! Ah ! te voilà devenu riche... reçois mon compliment!... (*A part.*) Parbleu, voilà mon dîner tout trouvé.

BAGNOLET. Ah ça, et toi, la position financière ?

MONTIZON. Oh! moi, je suis à la tête d'une entreprise magnifique, d'une affaire colossale.

BAGNOLET. Vraiment!... ce cher Montizon... Ah! tes affaires marchent bien... je suis enchanté de t'avoir rencontré. (*A part.*) Je ne le quitte plus, et je tiens mon dîner.

MONTIZON. Comme on se retrouve! A propos, est-ce que tu as déjà dîné ?

BAGNOLET. Moi!... fi donc... à six heures !

MONTIZON. Eh bien, si nous dînions ensemble ?

BAGNOLET. Comment donc !... avec plaisir... avec beaucoup de plaisir. Justement, je me sens quelque appétit...

MONTIZON. Et moi de même. (*Appelant.*) François ?

LE GARÇON. Monsieur !

BAGNOLET. Deux couverts !

MONTIZON. Oui, deux couverts sur cette table !

Ils s'asseyent à une table; le Garçon met le couvert.

LE GARÇON. Quel vin prennent ces messieurs ?...

MONTIZON. Ah! oui, quel vin préfères-tu ?

BAGNOLET. Ah! ça m'est égal.

MONTIZON. Mais enfin, ton ordinaire ?

BAGNOLET, *à part.* Mon ordinaire, c'est de l'eau claire. (*Haut.*) Eh bien!... Beaune première.

LE GARÇON. Beaune première... oui, monsieur.

MONTIZON, *écrivant.* Et tenez, voici la carte; tu t'en rapportes à moi ?

BAGNOLET. Comment donc !..

MONTIZON, *à part.* Ça montera peut-être un peu haut !... mais je ne n'ai pas besoin de le ménager.

BAGNOLET, *à part.* Mazette ! il paraît qu'il va joliment me traiter. C'est l'affaire de sa bourse.

MONTIZON, *remettant la note au garçon.* Tenez, François... et servez-nous vite.

LE GARÇON. A l'instant, monsieur.

Il sort.

MONTIZON. Ah ! tu ne saurais te figurer le plaisir que j'ai à te revoir.

BAGNOLET. Et moi, donc; sans toi, je ne dînais pas.

MONTIZON. Hein ?... comment !

BAGNOLET. J'ai horreur de dîner seul.

MONTIZON. Ma foi, c'est comme moi; quand je suis seul, je ne dîne presque jamais !

Le Garçon revient avec une bouteille et les potages; ils se servent.

BAGNOLET, *mangeant.* A propos, tu me parlais d'une grande affaire...

MONTIZON. Oui, une affaire de presse... un journal dont j'ai eu l'idée...

BAGNOLET. Ah ! c'est un journal ?

MONTIZON. Depuis longtemps, le besoin se faisait généralement sentir d'un journal quotidien, grand format, et à 4 francs par an.

BAGNOLET. Un journal à 4 francs !... Comment, tu ne prends que 4 francs à chaque abonné !...

MONTIZON. Mieux que cela, mon cher... 4 francs que je donne...

BAGNOLET. Comment ! tu les donnes !... Mais c'est ruineux.

MONTIZON. Du tout; mon système est bien simple.

BAGNOLET. Ah ! voyons le système !

MONTIZON. Tu connais la spéculation des journaux à 40 francs ?... La feuille politique et littéraire se ruinerait très-vite sans la feuille d'annonces, qui produit chaque année 100,000 francs de bénéfice net.

BAGNOLET. Ah ! bah ! 100,000 francs; j'ignorais ce gros chiffre.

MONTIZON. Oui, mon cher, 100,000 fr. d'annonces que payent de braves industriels alléchés par les vingt mille abonnés des susdites feuilles. Or, un journal qui compterait cinq fois plus d'abonnés ferait aussi pour cinq fois plus d'annonces.

BAGNOLET. C'est clair... comme un bec de gaz.

MONTIZON. Au lieu de vingt mille abonnés, ayez-en cent mille... et bientôt au lieu de 100,000 francs d'annonces, vous en aurez pour 500,000 livres.

BAGNOLET. Mais comment trouver cent mille abonnés ?

MONTIZON. Je suis sûr de les trouver, puisque je les paye. Je leur donne 4 fr. par tête. Mes abonnés me coûtent 400,000 francs; et comme mes annonces n'en rapportent 500 mille, j'ai 100,000 francs de bénéfice brut.

BAGNOLET. Ah ! mon ami, c'est superbe,

c'est magnifique; je comprends... je saisis tout ton système... tu poses quatre, et tu retiens cinq; tu retiens six... tu retiens tout... et ta fortune est faite.

MONTIZON. Mon journal doit paraître demain; presque toutes mes actions sont déjà placées; cependant, comme je n'ai rien à te refuser, si tu voulais les trois dernières...

BAGNOLET. Les trois dernières!

MONTIZON. On les cote à la Bourse à 750 fr.; mais pour toi, mon ami, ce sera au prix d'émission... les trois pour 1,500 fr.

BAGNOLET. Que 1,500 fr.? ça vaut mieux que ça; ça vaut mieux que ça; et... j'en parlerai à mon banquier.

MONTIZON. A ton aise. Prends-tu du café?

BAGNOLET. Ordinairement je m'en prive; mais aujourd'hui je prendrai tout ce que tu voudras.

MONTIZON. C'est ça. Graçon, du café, et l'addition.

LE GARÇON. Oui, messieurs.

BAGNOLET. Ma foi, mon cher Montizon, ce dîner était délicieux... tu t'entends parfaitement à commander.

MONTIZON. N'es-ce pas?... L'habitude!...

LE GARÇON *verse, et présente la carte.* Voilà, messieurs.

Chacun lui fait signe de la donner à l'autre; le Garçon, qui la leur a présentée alternativement, finit par la mettre au milieu.

MONTIZON, *la prenant.* Dix-sept francs... ça n'est pas trop cher!...

Il la passe à Bagnolet.

BAGNOLET *la prenant.* Mais non... mais non!... c'est pour rien...

Il la repasse à Montizon.

MONTIZON. Hein!... quoi donc?... Ah! tu veux que je vérifie... tu n'es pas ferré sur l'addition, toi... (*Comptant.*) Cinq, dix, seize!... (*Il achève bas.*) Le compte est exact!

Il la présente à Bagnolet.

BAGNOLET, *la prenant.* Oui, oui, le compte est très-exact... (*Il la lui rend.*) Tiens.

MONTIZON. Que veux-tu que j'en fasse?

BAGNOLET. Eh bien, mais... que tu la payes...

MONTIZON. La payer!... moi!

BAGNOLET. Sans doute, puisque tu m'as offert... •

MONTIZON. Offert... quoi?...

BAGNOLET. A dîner.

MONTIZON. Je t'ai offert à dîner!... Je t'ai offert de dîner ensemble; et je t'avouerai-même que je comptais sur toi... car, par le plus grand des hasards, je suis sorti sans ma bourse.

BAGNOLET. Ah! bigre! moi, j'ai bien la mienne, mais il n'y a rien dedans.

MONTIZON. Ah! fichtre! Eh quoi, malheureux! tu te mets à table sans argent!

BAGNOLET. Il est charmant!... Eh bien, et toi?

MONTIZON. Moi, c'est bien différent... Mais comment nous tirer de là maintenant?

BAGNOLET. Est-ce que tu n'as pas quelque chose à laisser: un bijou, une canne à déposer? c'est reçu, ça se fait ces choses-là.

MONTIZON. Je le sais bien que ça se fait... Parbleu!... une canne... j'en ai déjà trois en pension au comptoir... je suis brûlé, mon cher, entièrement brûlé!

SCÈNE II.

LES MÊMES, MONTORGUEIL.

MONTORGUEIL. Que vois-je? Montizon et cet imbécile de Bagnolet!

BAGNOLET, *à part.* Montorgueil!... il ne me manquait plus que ça.

MONTORGUEIL. Ah ça, tu dînes donc au boulevard Italien maintenant?

BAGNOLET. Oui, oui, je... (*A part.*) C'est drôle, la vue de cet homme-là m'ôte tous mes moyens.

MONTIZON. Oui, mon cher! oui, tu vois... je traite!

MONTORGUEIL. Ah! et qui est-ce qui paye?

BAGNOLET. Qui? il nous obligerait bien s'il voulait nous le dire!

MONTORGUEIL. Comment?

MONTIZON. Nous venons de nous apercevoir que nous étions à sec.

MONTORGUEIL, *riant.* Vraiment!... ah! ah!... et à combien se monte la carte?

MONTIZON. Vois toi-même.

MONTORGUEIL. 17 francs!... Comment, vous n'avez pas de quoi payer, et vous faites une misérable carte de 17 francs! mais c'est honteux! c'est déshonorant... Quelle confiance voulez-vous inspirer en dînant pour 17 francs?

BAGNOLET, *à part.* Ah! dans quel guêpier me suis-je fourré!

MONTIZON. Mais que faire?

MONTORGUEIL. Vous n'êtes que des enfants, et il est fort heureux que je sois arrivé pour vous sortir de là.

MONTIZON. Nous sortir de là... toi?

BAGNOLET. Ah bah!

MONTORGUEIL. Garçon, du champagne?

LE GARÇON. Voilà, messieurs!

BAGNOLET, *à part.* Comment! il va payer pour nous?

Le Garçon apporte le champagne

MONTORGUEIL. Buvons! (*Il verse.*) A votre santé.

BAGNOLET, *buvant et à part.* A notre heureuse délivrance!

MONTORGUEIL. Il est excellent. Ah çà !
maintenant, cotisons-nous... combien avez-
vous dans vos poches ?

MONTIZON. Moi, je n'ai que trois francs.

BAGNOLET. Moi quarante sous tout juste !

MONTORGUEIL. Et moi pas une obole...

MONTIZON. Et tu demandes du champagne.

MONTORGUEIL. Taisez-vous, donnez-moi
ça ! (*Il prend l'argent et appelle.*) Garçon ?

LE GARÇON. Monsieur !...

MONTORGUEIL, *lui tendant négligem-
ment la carte.* Faites ajouter la bouteille de
champagne... Cette carte est pour moi.

LE GARÇON. Pardon, monsieur, mais...

MONTORGUEIL. Cette carte est pour moi,
vous dis-je ?... Ah ! prenez ceci pour vous !

LE GARÇON. Cinq francs... cinq francs
pour le garçon.

BAGNOLET, *à part.* Il lui donne nos cent
sous pour boire.

LE GARÇON, *à part.* C'est un ambassadeur
qui a oublié sa bourse.

MONTORGUEIL. Eh ! bien ?...

LE GARÇON. C'est convenu, monsieur ;
d'ailleurs on voit tout de suite à qui on a
affaire... cinq francs pour le garçon !

Il sort.

MONTIZON, *se levant.* Bravo !

BAGNOLET, *de même.* Sauvé ! et je me sauve !

MONTORGUEIL. Eh bien, vous le voyez,
ça n'est pas plus difficile que ça... Voilà comme
ça se joue. Mais j'aperçois des amis avec qui
j'ai à causer.

MONTIZON. Nous te laissons... nous allons fumer sur le boulevard.

BAGNOLET, *à part.* Que vois-je?... Paul
qui descend de cabriolet.

MONTIZON. Au revoir, Montorgueil...
merci du service.

MONTORGUEIL. Allons donc, entre amis...
il n'y a pas de quoi !

BAGNOLET, *à part.* Je crois bien, pour ce
que ça lui coûte... Courons prévenir M. Didier... (*A Montizon.*) Ah ! mon cher, si on
me reprend à faire encore le lion... je veux
bien être... je veux bien que tu sois pendu.

MONTIZON. Merci !

MONTORGUEIL. Allons, Montizon, au revoir.

MONTIZON. Au revoir !

Ils sortent par la gauche en même temps qu'arrivent
Paul et Digonard par la droite.

SCÈNE III.

MONTORGUEIL, PAUL, DIGONARD,
très-élégamment vêtu.

DIGONARD, *à Paul, en entrant.* Je vous
répète, mon bon ami, que vous allez trop vite ;
vous finirez par accrocher !

MONTORGUEIL. Eh bien, qu'est-ce donc ?
De quoi s'agit-il ?

DIGONARD, *avec humeur.* Il s'agit... il s'a-
git... qu'il fouette trop le cheval... qu'il rase
de trop près les autres voitures... et qu'il
finira par briser... son... mon... le cabriolet.

MONTORGUEIL. Ce pauvre Digonard ! il
surveille toujours ses avances !

PAUL. Laissons cela... C'est aujourd'hui
que vous m'avez promis une explication, et
cette explication puis-je vous la demander ?

MONTORGUEIL. Sois tranquille, bientôt
tu sauras...

PAUL. Encore des retards... non, c'est à
l'instant que je veux...

DIGONARD. Allons, bon, voilà qu'il gesti-
cule à présent ! Ne croisez donc pas les bras
comme ça ! Il va faire craquer mon habit.

PAUL, *avec impatience.* Votre habit ! votre habit !

MONTORGUEIL. Voyons, de quoi te plains-
tu ?... Tu avais rêvé le bien-être, la fortune,
de riches habits, des chevaux, et nous t'avons
donné tout cela.

PAUL. Oui, mais je veux savoir à quel
prix... je veux apprendre enfin ce que
vous exigez de moi en échange de ce que
j'ai reçu...

MONTORGUEIL. Presque rien, ta signature.

PAUL. Ma signature !

MONTORGUEIL. Au bas d'un contrat de
mariage.

PAUL. Un mariage !

DIGONARD. Oui, mon tendre ami, nous
voulons vous marier un peu.

PAUL. Ne l'espérez pas... c'est impossible !

MONTORGUEIL. Impossible !

DIGONARD. Allons, bon !... il a la manie
de gesticuler en parlant...

PAUL. Me marier, moi !... et Louise, mon
Dieu, Louise !

MONTORGUEIL. Louise ! qu'est-ce que c'est
que ça... une ancienne passion ! une maîtresse ?

PAUL. C'est un ange de vertu, de résignation... que j'ai condamnée à la misère, au
malheur... à qui j'ai fait les serments les plus
sacrés... et j'irais l'abandonner, la tra-
hir !... oh ! jamais ! jamais !

DIGONARD. Les entournures, jeune homme... Ménagez donc les entournures.

MONTORGUEIL. Ainsi, par un faux calcul
de délicatesse, tu refuses une dot de cinq
cent mille francs !

PAUL. Cinq cent mille francs !

MONTORGUEIL. Oui. Songe donc qu'avec
cinq cents mille francs tu assures le sort
de cette femme, ton sort à toi-même, et celui de tes deux bons amis.

DIGONARD. Eh ! oui ; elle est heureuse,
vous êtes heureux, je suis heureux... nous
sommes tous heureux !

MONTORGUEIL. Tandis que si tu refuses...

DIGONARD. Alors, je reprends mes avances.

MONTORGUEIL. Tu retombes dans la fange d'où nous t'avons tiré... à toi la misère, l'abandon, la faim...

PAUL. La misère, la faim ! Oh ! que faire... que résoudre ? D'un côté la trahison, le parjure... de l'autre l'éclat et la fortune...

MONTORGUEIL. Une fortune immense, une dot superbe, et plus tard les espérances les plus brillantes... allons, réfléchis, calcule, décide.

DIGONARD. Justement, voici le beau-père !

PAUL. Le beau-père !

MONTORGUEIL. Ah ! diable ! et nous n'avons pas eu le temps de le mettre au fait... N'importe, écoute et profite.

SCÈNE IV.

LES MÊMES DESROSIERS.

MONTORGUEIL. Eh ! venez donc, mon cher ami ! voici votre futur gendre qui brûle de vous être présenté.

DESROSIERS. Mon gendre, M. Didier ? il est ici ?

DIGONARD. Le voilà !

DESROSIERS. Charmant cavalier, ma foi... Votre main, jeune homme... ou plutôt venez dans mes bras.

PAUL. Monsieur !

DESROSIERS. Allons, allons, trêve de cérémonies... Vous allez entrer dans ma famille, épouser ma fille unique. J'entends que dès aujourd'hui vous me traitiez en beau-père.

PAUL. Mais je ne sais encore si je puis...

MONTORGUEIL, *vivement*. Croire à ton bonheur ? Mais certainement, mon cher, certainement !... c'est une chose arrêtée, conclue.

DESROSIERS. Et depuis longtemps, entre votre pauvre père et moi... Je remplis sa dernière volonté, et je crois que je n'aurai qu'à m'applaudir...

PAUL. Mon père !... Ah ! oui, vous avez connu mon père !

DESROSIERS. Si je l'ai connu ! moi, son vieil ami Desrosiers !

PAUL, *à part*. Desrosiers !

DESROSIERS. Ah ça, mais vous ne pouvez ignorer...

MONTORGUEIL, *vivement*. Rien, absolument rien, ni l'amitié qui vous unissait, ni les projets que vous aviez formés... Il sait bien que son père avait projeté pour lui cet heureux mariage. C'est la joie, le bonheur qui lui troublent la tête...

DESROSIERS. Vraiment ?... Eh bien, je puis vous le dire en confidence: de son côté, sans vous avoir jamais vu, ma fille ne rêve qu'à vous.

PAUL. A moi ?

DESROSIERS. Oui, oui !... Plus d'une fois je l'ai entendue prononcer votre nom avec fierté... avec orgueil...

PAUL. Mon nom ! que signifie ?...

DESROSIERS. Plus d'une fois je l'ai surprise lisant un journal qui parlait de vos expéditions, de vos dangers.

PAUL. Qu'entends-je ?... mes expéditions, mes dangers !... Oh ! je vois... je comprends... il s'agit de mon...

MONTORGUEIL, *bas*. Chut donc, malheureux !... (*Haut.*) Ah ! le fait est que le nom de Didier est devenu célèbre...

DIGONARD. Très-célèbre !... C'est un gaillard qui ira loin.

DESROSIERS. Je le crois... je le crois !... aussi dès demain, jeune homme, je veux vous présenter à ma fille... et aussitôt après nous signerons le contrat.

MONTORGUEIL. Eh bien, mon ami, que te disais-je de la rondeur, de la franchise, de la bonté de ce cher M. Desrosiers !

PAUL. Oui, tant de bonne foi, de confiance, me touchent et m'émeuvent.

DIGONARD. Et moi donc ! j'en pleure, monsieur, j'en pleure, ma parole d'honneur.

DESROSIERS. Mon cher Didier, entre nous les discussions d'intérêt ne sauraient être sérieuses.

MONTORGUEIL. Des discussions, fi donc ! il ne peut y en avoir.

DESROSIERS. Aussi, c'est à table que je veux vous soumettre les clauses du contrat que j'ai fait préparer.

MONTORGUEIL. A merveille, nous arroserons chaque article de bordeaux ou de champagne.

DESROSIERS. Mon notaire ne demeure qu'à deux pas, notre dîner n'est pas prêt, et j'ai bien envie...

MONTORGUEIL. Excellente idée... On ne saurait trop se hâter de les rendre heureux... car ils seront heureux !

DIGONARD. Très-heureux !

DESROSIERS. Au revoir donc ; dans un instant nous nous retrouverons ici. Ah ! je sens que je n'aurai qu'à m'applaudir...

Il sort.

SCÈNE V.

MONTORGUEIL, PAUL, DIGONARD.

MONTORGUEIL. Eh bien ! tout marche à merveille

DIGONARD. Vous voyez que ce mariage est positif.

PAUL. Je vois que vous ne m'aviez pas tout dit. Oui, ce mariage est réel... oui, c'est mon père lui-même qui l'avait projeté... mais pour un autre...

MONTORGUEIL. Eh bien ! qu'importe, qu'il s'agisse de ton frère ou de toi, de Charles ou de Paul?... ce qu'il demande, c'est un Didier...

DIGONARD. Et nous lui fournissons un Didier au grand complet.

PAUL. Oui ; mais le laisser dans cette erreur, c'est m'associer à une supercherie coupable, c'est enfin dépouiller mon frère...

MONTORGUEIL. Grands mots que tout cela ! ton frère est aux Indes... Riche comme il l'est devenu, qui sait s'il pense à ce mariage ? qui sait même s'il reviendra jamais ? D'ailleurs, il est trop tard pour regarder en arrière ; il ne s'agit plus maintenant que de prendre nos arrangements.

PAUL. Nos arrangements?

DIGONARD. Oui, de fixer l'intérêt de mes avances.

PAUL, *avec dédain*. C'est juste !... Eh bien, quelles sont vos conditions?

MONTORGUEIL. Les voilà... A toi la dot et la fortune à venir... mais à nous cette reconnaissance que tu vas signer.

Il lui donne un papier.

PAUL, *après avoir lu*. Une obligation de 200,000 francs !

DIGONARD. Que vous payerez, quand vous aurez touché la dot.

PAUL. Y songez-vous?...

MONTORGUEIL. Bah ! c'est à peine le quart de ce que tu dois posséder un jour... et tu hésites !... Ah ça, oublies-tu donc que cette fortune, tu ne l'auras que par nous?... Penses-tu que ce projet que nous avons conçu ait été à ton profit seulement?

DIGONARD. Nous n'avons pas arrangé cet hymen dans le seul intérêt de votre postérité, mon cher.

MONTORGUEIL. Nous te rendons un service d'ami, il est bien juste que tu le payes.

DIGONARD. Tous les services ne se rendent que comme ça...

PAUL. Mais cependant, si ce mariage ne se concluait pas...

MONTORGUEIL. Le beau malheur, quand nous aurions ta signature ! Hier, sous l'arche du Pont-Marie, tu l'aurais donnée pour 10 francs !... demain, si tu refuses, tu la donnerais encore pour ce prix-là. Allons, décide-toi ; veux-tu tout rompre et reprendre ta vie de misère?...

PAUL. Jamais !... oh ! jamais !

MONTORGUEIL. Alors, signe !

DIGONARD. Signez !

PAUL. Donnez donc, donnez, puisqu'il le faut.

Il va à une table et signe.

MONTORGUEIL. Il est à nous...

DIGONARD. Nous le tenons !...

MONTORGUEIL. Eh bien !

PAUL, *leur tendant le papier*. Prenez !

Montorgueil va pour prendre le papier, lorsque Didier, qui est entré sur les derniers mots, se place entre eux et s'empare de l'écrit.

SCÈNE VI.

LES MÊMES, DIDIER, BAGNOLET, *au fond*.

DIDIER. Un instant !

PAUL. Qu'ai-je vu ?

DIDIER. C'est une affaire grave... Il vous faut un appui, et je viens vous en servir.

MONTORGUEIL. Quel est donc cet homme ?

PAUL. Lui ! mais c'est...

DIDIER, *l'arrêtant*. Silence !... (*Aux autres.*) Vous étiez deux à lui donner un mauvais conseil, vous permettrez que je sois là pour lui en donner un bon.

DIGONARD, *élevant la voix*. Mais, monsieur !...

DIDIER. Mais, monsieur, cela me convient ainsi. (*Mettant les papiers dans sa poche.*) Plus tard, nous examinerons cette affaire.

MONTORGUEIL. Plus tard, c'est impossible, il faut que sur-le-champ...

DIDIER. Je ne vous parle pas, monsieur...

BAGNOLET, *à part*. Bravo ! je vais l'attendre dehors.

Il sort.

DIDIER, *à Paul*. Et puisque je vous trouve ici, au milieu des plaisirs et du luxe... sans doute elle est heureuse celle qui vous avait confié son bonheur et sa vie...

PAUL. Heureuse !... oui, elle le sera !

DIDIER. Si heureuse... que sans moi, depuis hier, elle serait morte.

PAUL. Morte !... comment ! Louise...

DIDIER. L'abandon a brisé son cœur ; le désespoir a égaré sa raison ; et si le ciel n'avait conduit mes pas ; s'il ne m'avait donné assez de force pour la sauver... elle n'aurait besoin aujourd'hui ni de mes consolations ni de votre amour ; un peu de terre et un linceul, c'est tout ce qu'il faudrait à la pauvre femme.

MONTORGUEIL. Eh ! c'est justement pour la secourir que Paul...

DIDIER, *à Montorgueil*. Je vous dis, monsieur, que je ne vous parle pas... (*A Paul*.) Et maintenant voulez-vous que je vous rende ce papier dont je me suis emparé?... maintenant voulez-vous contracter encore le brillant mariage qu'on vous propose?... Allez donc épouser cette riche héritière ; demain la pauvre Louise mourra de douleur ; et vous n'aurez plus qu'à rougir d'avoir volé le nom d'un autre !...

PAUL. Non, non, plus de mariage, plus d'ambition, plus de fortune... Louise, mon abandon était un crime ; puisse mon retour le réparer aujourd'hui !...

DIDIER. Dieu soit loué ! tu m'as compris, partons !

PAUL. Partons !

DIGONARD. Mais il emporte la reconnaissance...

MONTORGUEIL, *leur barrant le passage.* Permettez, monsieur ; je veux savoir de quel droit...

DIDIER. De quel droit je renverse vos ignobles desseins ? de quel droit je déjoue la plus lâche imposture ?... de quel droit, enfin, je ne veux pas que vous déshonoriez mon nom ?...

MONTORGUEIL. Votre nom !...

DIDIER. Oui, monsieur ! oui, mon nom ; car je m'appelle Charles Didier !... je suis son frère !

MONTORGUEIL *et* DIGONARD. Son frère !

DIDIER. Viens, Paul, viens ; partons !

Ils sortent.

MONTORGUEIL. Son frère !... son frère de retour !

DIGONARD, *tombant accablé sur une chaise.* Tout est perdu !... Ah ! mon Dieu ! il emporte mes habits, mes bijoux .. il va monter dans mon cabriolet ; courons !... courons !...

Il sort précipitamment.

MONTORGUEIL, *seul.* Partis !... partis ensemble ! et cette fortune, ma dernière chance, mon unique espoir, m'échapperait !... Oh ! non, non, je ne me laisserai pas si facilement abattre, moi, qu'ils ont surnommé le roi de Bohême ! Jusqu'ici je n'ai employé que la ruse et l'adresse, mais, s'il le faut, j'emploierai la force et la violence !

SCÈNE VII.

MONTORGUEIL, DESROSIERS, *puis* DIGONARD.

DESROSIERS. Eh bien ! où court donc monsieur Digonard ? je viens de le rencontrer... il a failli me jeter à la renverse !

MONTORGUEIL, *à part.* Allons, de l'assurance... (*Haut.*) Il revient dans la minute... c'est une petite affaire qui l'occupe... et je pense...

DESROSIERS. Ah ça ! vous avez commandé le dîner ?

MONTORGUEIL. Le dîner... oui, oui... il doit être prêt. (*A part.*) Et Digonard qui m'abandonne...

DESROSIERS. Vous voyez, je n'ai pas perdu de temps : voici les papiers, le contrat...

MONTORGUEIL. C'est affaire à vous...

DESROSIERS. Dès demain nous pouvons tout terminer...

MONTORGUEIL. Dès demain...

DESROSIERS. Ah ça, et notre jeune homme ?...

MONTORGUEIL. Didier ?... Eh ! tenez, justement j'aperçois Digonard, qui va nous donner de ses nouvelles... (*A Digonard, qui entre tout effaré.*) Eh bien ?

DIGONARD, *bas.* Tout est perdu !

DESROSIERS. Hein ! que dit-il ?

MONTORGUEIL, *avec assurance.* Tout est arrangé...

DIGONARD, *bas.* Mais non, mais non, il ne veut plus entendre parler de ce mariage.

MONTORGUEIL, *même jeu.* Ce mariage est le plus cher de ses vœux !

DIGONARD, *bas.* Il va quitter Paris, s'éloigner pour toujours !

MONTORGUEIL, *même jeu.* Dans un instant il sera près de nous.

DESROSIERS. Allons, c'est fort bien... et je n'ai qu'à m'applaudir !

DIGONARD, *bas.* Mais tu ne comprends donc pas ?... deux obstacles insurmontables... cette femme... et ce frère...

MONTORGUEIL, *bas.* Deux obstacles, dis-tu ?... n'importe !... j'éloignerai l'un et je briserai l'autre... (*Du ton le plus léger.*) A table, messieurs !...

DESROSIERS *et* DIGONARD. A table !

Second Tableau.

Un estaminet.

SCÈNE PREMIÈRE.

PLURE D'OIGNON, CHALUMEAU, POPLARD, HABITUÉS, UN GARÇON.

Au lever du rideau, les joueurs entourent le billard, quelques autres habitués boivent ou fument. Plure d'Oignon joue aux cartes avec Chalumeau.

PLURE D'OIGNON, *à Chalumeau.* T'es fumé, mon bonhomme : quinte, quatorze et tout le tremblement.

CHALUMEAU. La vengeance ?

PLURE D'OIGNON. La vengeance, ça ne se refuse pas, entre amis...

LE GARÇON, *secouant le panier.* Allons, ceux qui font la poule, au billard !

PLURE D'OIGNON, *se levant.* Ah ! faut que

je prenne mon numéro !... Ohé, garçon...
une bille pour moi ?...

Il va au billard.

POPLARD. Je parie deux sous à la plus
haute bille !

PLURE D'OIGNON. Tenu !

UN AUTRE. Je parie la mise !

PLURE D'OIGNON. Tenu encore... je suis en
chance ce soir... faut que j'fasse ma fortune !

LE GARÇON, *tirant les billes.* Le 6 à
Faucheux !... le 9 à Plure d'Oignon !

PLURE D'OIGNON. Le 9... gagné sur Faucheux !

LE GARÇON. L'as... à Poplard !

POPLARD. Merci ! j'ai perdu !...

PLURE D'OIGNON. C'est toi qu'as l'as...
passez-moi l'argent du monsieur qu'a l'as ?
(*Il le met dans sa poche et retourne à la table où est Chalumeau.*) Maintenant, à nous
deux !

CHALUMEAU, *battant les cartes.* Coupe-
moi ça ?

PLURE D'OIGNON. Voilà... Ah ça, par quel
hasard que tu ne fais pas la poule aujourd'hui ?

CHALUMEAU. La poule ! j'ai jamais pu la
gagner... j'aime mieux culotter des pipes...
au moins ça rapporte...

PLURE D'OIGNON. T'es donc culotteur de
pipes, à présent ? J'croyais qu'tu fumais pour
ton plaisir.

CHALUMEAU. V'là ce qu'il y a d'agréable
dans c'tte profession-là !... on a en même
temps l'agrément et le profit... une pipe
neuve d'un sou, cinq ou six de tabac pour
la culotter, c'est tout ce qu'y faut.

PLURE D'OIGNON. Et tu vends tes pipes ?...

CHALUMEAU. De vingt à dix-neuf sous...
ça dépend du travail et de la qualité.

PLURE D'OIGNON. Mazette ! c'est un joli
bénéfice !

CHALUMEAU. Tiens, regarde-moi un peu
celle-là... comme c'est noir... comme c'est
culotté.

PLURE D'OIGNON. Ah ! cré coquin ! oui...
en v'là un amour de pipe ! si j'avais des
moyens... j'aimerais à me donner ça pour
ma fête... (*Annonçant son jeu.*) Ah ça, je
n'ai que quarante-sept de point.

CHALUMEAU. C'est trop jeune.

LE GARÇON. Au neuf à jouer ?

PLURE D'OIGNON. Avec ça, j'ai à t'offrir
une tierce au domestique... et trois boutons
de guêtres.

CHALUMEAU. Trop jeune encore.

PLURE D'OIGNON. Ah ça, t'as donc tout ?

LE GARÇON, *répétant.* Au neuf à jouer !

TOUS LES JOUEURS. Allons donc, le neuf !

POPLARD. C'est à toi, Plure d'Oignon !

PLURE D'OIGNON. A moi ?... voilà ! voilà !

Il pose son jeu et se lève.

POPLARD. Est-il embêtant, ce Plure d'Oi-

gnon !... faut qu'y joue au piquet en même
temps qu'à la poule.

PLURE D'OIGNON. Possible ! j'suis ambi-
tieux, moi ! Où est la bille à jouer ?

POPLARD. Là-bas.

PLURE D'OIGNON. Collée sous bande ! Excusez !... en v'là un voyage !... C'est égal...
prête-moi ta queue... que je mette cet
homme-là dedans.. D'abord, je vous préviens,
je tire d'achar, et je bloque d'autor... L'établissement ferme demain... faut que je gagne la poule ce soir.

POPLARD. Allons, joue donc, bavard !

PLURE D'OIGNON. M'y v'là... regardez-moi
bien ce bloc fumant, vous autres... (*Il joue.*)
Ah ! nom d'un chien, qu'est-ce que j'ai fait
là ?... me v'là sur le bord de la blouse !

TOUS, *riant.* Ha ! ha ! ha !

LE GARÇON. Au dix !

Un joueur s'approche.

PLURE D'OIGNON. Ah ! c'est toi, Potiron...
ménage-moi, vieux ! sauve-moi le coup !

TOUS. Non, non ; faut l'faire... faut l'faire.

PLURE D'OIGNON. Ils sont acharnés... ils
votent pour mon trépas ! (*Se détournant.*)
Ah ! grand Dieu !... je n'ose pas regarder...
Poplard, avertis-moi ; dis-moi mon sort, Poplard !

TOUS. Le neuf, mort !

PLURE D'OIGNON. Enfoncé !... C'est égal,
faut que je gagne la poule !... J'achète une
bille ! qu'est-ce qui vend ?

POPLARD. Moi !...

FAUCHEUX. Voilà !

PLURE D'OIGNON. Combien ?

FAUCHEUX. Dix sous.

PLURE D'OIGNON. Dix sous ! des navets !

POPLARD. Neuf sous... ma bille est rosière.

PLURE D'OIGNON. Neuf sous... Ça me va...
j'veux la poule... faut que j'mange la poule.

<hr>

SCÈNE II.

LES MÊMES, MONTORGUEIL, DIGONARD,

A leur entrée, les joueurs s'arrêtent un instant et les
regardent

LE GARÇON. Au cinq... au cinq à jouer.

UN JOUEUR. Voilà !

Montorgueil et Digonard se mettent à une table ; le
Garçon leur sert un bol de punch.

DIGONARD. J'avoue, cher ami, que je ne
comprends guère ton plan.

MONTORGUEIL. C'est possible, mais je te demande de m'aider, et non pas de comprendre.

DIGONARD. Fort bien ; je t'aiderai sans
me compromettre.

MONTORGUEIL. Soit. Voici maintenant
quel est mon but : ressaisir Paul, qui nous
échappe, et les deux cent mille francs que

nous étions si près de tenir. Je t'ai dit hier que les obstacles ne m'arrêteraient pas, je suis décidé à les surmonter.

DIGONARD. Mais puisque le frère est revenu, le mariage est impossible.

MONTORGUEIL. Oui, si nous ne l'empêchons pas d'agir...

LE GARÇON. Au six à jouer.

DIGONARD. Et tu dois le revoir ?

MONTORGUEIL. Ici, tout à l'heure... je lui ai fait dire par Bagnolet que l'honneur de son frère était encore entre mes mains, et que je l'attendais pour tout terminer : il viendra... Et puis, d'où naîtrait sa défiance?... un estaminet, un lieu public.

DIGONARD. Oui ; mais un quartier peu habité, une rue presque déserte.

MONTORGUEIL. Il ne s'apercevra de tout cela que lorsqu'il sera venu.

LE GARÇON. Le sept mort! Au huit l'acquit!

DIGONARD. Mais, si, au moment d'arriver, il allait rebrousser chemin... moi, d'abord, j'en serais capable; je rebrousserais.

MONTORGUEIL. Il ne le fera pas : j'ai des vedettes bien échelonnées, je serais vite instruit, et je pourrais le ramener moi-même.

PLURE D'OIGNON. Enlevé!... à moi la poule.

POPLARD. Dis donc, est-elle grasse, au moins ?

PLURE D'OIGNON. Quarante-sept sous... Va m'attendre, avec Chalumeau, chez le père Balivard ; vous y trouverez les amis, toute la petite bohème ; je paye à souper.

CHALUMEAU. A souper, ça me va... mais pourquoi que tu ne viens pas tout de suite avec nous ?

PLURE D'OIGNON. J'peux pas... j'ai affaire en route !

CHALUMEAU. Sois pas longtemps.

POPLARD. Adieu !...

Ils sortent tous les deux.

MONTORGUEIL, *qui a observé ce qui se passait, se levant.* Voici bientôt l'heure, il ne peut tarder.

DIGONARD. Alors, je m'en vais; je ne veux pas paraître dans tout ceci : c'est bien assez de te prêter cet établissement et la maison qui m'appartiennent; je devais faire abattre la masure aujourd'hui, mais pour toi je retarde de trois jours.

MONTORGUEIL. Il n'y a plus de locataires?

DIGONARD. Pas un seul !

MONTORGUEIL. A merveille! (*Tirant un cigare de sa poche.*) Plure d'Oignon ! (*Plure d'Oignon s'approche la casquette à la main.*) Du feu !

PLURE D'OIGNON, *apporte du feu, toujours la tête découverte.* Voilà !

MONTORGUEIL. C'est bon, va-t'en !

Il s'éloigne.

SCÈNE III.

LES MÊMES, BAGNOLET.

BAGNOLET, *entrant.* Tiens, qué fichu café, je me serai trompé... Non, voilà bien mon Montorgueil.

MONTORGUEIL. Approche !

BAGNOLET. Messieurs, j'ai bien l'honneur...

MONTORGUEIL. Eh bien ! tu l'as vu?

BAGNOLET. Monsieur Charles? oui ; et j'ai fait la commission... je lui ai dit que vous l'attendiez dans un café !... (*Il regarde autour de lui.*) Qué fichu café... qué fichu café !... c'est pas un café d'ouvriers ça !...

MONTORGUEIL. Et il a promis de venir ?

BAGNOLET. Oui; seulement, s'il avait vu l'endroit comme je le vois, il aurait pu trouver...

MONTORGUEIL. C'est bon, tais-toi !...

BAGNOLET. C'est pas que la société soit mêlée. (*A part.*) Excepté moi, c'est tous filous... Ma foi, je vais guetter Didier et le prévenir.

DIGONARD, *à Montorgueil.* Tu sais nos conventions ; je te laisse.

MONTORGUEIL. Bien ! vous ferez route ensemble!

BAGNOLET, *à part.* Diable !

MONTORGUEIL, *bas, à Digonard.* Et tu ne le perdras pas de vue.

BAGNOLET, *à part.* Je voudrais pourtant bien revenir et me faufiler adroitement...

DIGONARD, *bas, à Montorgueil.* Soit! mais je doute que ton homme se décide à venir !

MONTORGUEIL, *écoutant un orgue qui joue dans le lointain.* Chut ! entends-tu ?

DIGONARD. Eh bien ?

MONTORGUEIL. On m'annonce qu'il tourne la rue Saint-Laurent.

DIGONARD. Ah ! bah !

BAGNOLET. Qu'est-ce qu'ils se disent donc ? *Moment de silence, après lequel on entend le cri plus rapproché d'un marchand d'habits.*

MONTORGUEIL, *bas.* Bon ! il avance dans cette rue... Ah! mes deux cent mille francs!...

DIGONARD, *bas.* Je t'attendrai chez moi !

BAGNOLET, *à part.* Ils ont la rage de se parler bas !... (*On entend presque à la porte deux coups frappés dans les mains.*) Qu'est-ce que c'est que ça? on dirait d'un signal !

MONTORGUEIL, *bas.* Le voilà... il n'est plus qu'à quelques pas de la maison... (*Haut.*) Partez, dépêchez-vous... (*A Bagnolet, qui gagne le fond.*) Non, pas par là...

DIGONARD. Par le laboratoire.

BAGNOLET. Je ne sais pas pourquoi, mais j'ai une peur atroce. N'importe ! oh ! je tâcherai de revenir.

Il sort avec Digonard. A peine la porte est-elle fermée, que celle du fond s'ouvre et Didier entre. Il se tient près de la porte; il semble examiner avec inquiétude tout ce qui l'entoure.

MONTORGUEIL, *à part.* Enfin !... (*Haut.*)
Je vous attendais, monsieur, et je vous remercie de votre exactitude.

DIDIER, *étonné, regardant autour de lui.* Il me semble étonnant, monsieur, que vous ayez choisi pour votre rendez-vous un lieu public... et surtout tel que celui-ci...

MONTORGUEIL, *avec une extrême politesse.* Mille pardons, monsieur Didier... Mais ce que j'ai à vous dire, je ne puis vous en parler qu'ici.

DIDIER. Et moi, monsieur, si je suis venu, c'est qu'il s'agit, m'avez-vous dit, de l'honneur de mon frère...

MONTORGUEIL. Et c'est vrai... Mais approchez, approchez donc; et veuillez vous asseoir... on dirait, à vous voir près de cette porte... que vous avez peur.

DIDIER. Peur !... moi !...

Il redescend la scène; aussitôt Montorgueil la remonte vivement.

MONTORGUEIL. À la bonne heure ; je savais bien que vous étiez un homme de cœur. Et maintenant nous allons nous entendre à merveille.

DIDIER, *qui a observé ce mouvement.* Au fait, monsieur, venons au fait.

MONTORGUEIL, *changeant de ton.* M'y voici. Vous avez interrompu hier un marché stipulé entre moi et votre frère.

DIDIER. Marché infâme et que je désavoue.

MONTORGUEIL, *avec insolence.* Pardon, mais on ne vous demande pas votre approbation. Enfin, c'était une affaire conclue ; car, entre gens d'honneur, la parole vaut l'écrit, et j'avais sa parole.

DIDIER, *dédaigneusement.* Entre gens d'honneur, c'est possible.

MONTORGUEIL. De l'ironie, fort bien ; je subirai patiemment toutes vos gracieuses épithètes ; je ne vous demande ni égards ni politesse, mais simplement le traité dont vous vous êtes emparé, (*montrant la poche d'habit de Didier*) et que vous avez là... là... je le sais.

DIDIER. Ah ! vous le savez... vous êtes bien informé, monsieur... et cet écrit...

MONTORGUEIL. Je l'exige.

DIDIER. Vous l'exigez !

MONTORGUEIL. Ici même, à l'instant ?

DIDIER, *froidement.* Et c'est là le seul motif pour lequel vous m'avez fait venir ?

MONTORGUEIL. Le seul.

DIDIER. En ce cas, monsieur, adieu.

Il remonte.

MONTORGUEIL, *l'arrêtant par le bras.* Vous ne sortirez pas.

DIDIER. Allons donc, vous êtes fou : de la violence dans un lieu public, presque en plein jour ! (*Il va pour sortir, et se trouve en face de Plure d'Oignon, qui vient s'appuyer sur la porte en fumant.*) Fort bien ; vous n'êtes pas seul ici contre moi... Après tout, que m'importe ! quand vous seriez deux, quand vous voudriez employer la violence, j'appellerais à mon aide tous ceux qui sont là, je leur dirais que vous m'avez attiré dans un guet-apens... je dirais...

MONTORGUEIL. Et je vous dis, moi, que vous ne sortirez pas.

Il va s'asseoir tranquillement.

DIDIER. Ah ! c'en est trop à la fin ! (*Remontant la scène et élevant la voix.*) Messieurs, ces deux hommes, entendez-vous, ces deux hommes veulent me voler. (*Il regarde autour de lui, personne ne bouge.*) Comment ! personne... personne ne semble m'entendre. (*A part.*) Mais où suis-je donc ?

MONTORGUEIL. Eh bien, monsieur, avez-vous réfléchi ? consentez-vous à me rendre cet écrit ?

DIDIER. Jamais ! Oh ! je le vois ces hommes sont à vos ordres ; mais malgré la puissance que vous exercez sur eux, je ne vous crains pas. Non, je ne vous crains pas, (*retournant vers les autres*) car il y a autour de cette maison d'autres maisons habitées ; mes cris vont se faire entendre... A moi, au secours ! au secours ! (*Montorgueil au premier cri a levé le bras, et tous se sont mis à chanter.*) Oh ! les misérables !... mais c'est épouvantable, c'est horrible ! Tous, tous complices de cet infâme ! tous réunis contre un seul homme !

MONTORGUEIL. Maintenant, le traité.

DIDIER. Non, non. Tuez-moi, lâches, car vous ne l'aurez qu'avec ma vie.

MONTORGUEIL. Vous tuer ? allons donc... vous voyez la douceur, les ménagements que j'emploie, ni mouchoir, ni bâillon ; de peur d'étouffer l'homme en étouffant les cris... seulement la patience a des bornes. Une dernière fois, monsieur, ce papier... voulez-vous rendre ce papier ?

DIDIER. Non ! vous dis-je, non !

MONTORGUEIL. Alors, qu'on les lui prenne.

Quatre hommes s'emparent de Didier, le couchent sur un banc et le fouillent ; puis l'orgue se fait entendre.

DIDIER, *se débattant.* Oh ! les infâmes !... Au secours ! mon Dieu ! venez à mon secours !

PLURE D'OIGNON, *donnant le papier.* Voilà

MONTORGUEIL. C'est bien cela. Laissez monsieur !

DIDIER. Va, tu rendras compte un jour...

MONTORGUEIL. Pardon, ce n'est pas tout ce que j'exige de vous.

DIDIER. Qu'est-ce donc encore !

MONTORGUEIL. Vous êtes homme d'honneur, monsieur Didier, et je sais qu'un serment que vous auriez fait, jamais vous ne le trahiriez.

DIDIER. Eh bien ?

MONTORGUEIL. Eh bien, il faut me jurer sur ce que vous avez de plus sacré au monde de ne plus vous opposer aux projets que nous avons conçus, et de ne jamais révéler ce qui vient d'avoir lieu ici.

DIDIER. Et je laisserais, après ce serment, consommer la ruine ou le déshonneur de mon frère, je me ferais lâchement le complice de l'odieux mariage auquel vous voulez le contraindre, et qui doit tuer la pauvre Louise, mon Dieu ! Je jure, oui, je jure sur la cendre de mon père qu'une fois hors de ce lieu, c'est aux magistrats, c'est à la justice que je courrai tout dévoiler; car si j'agissais autrement... mais je serais aussi lâche, aussi infâme que vous.

MONTORGUEIL. C'est votre dernier mot, c'est là votre dessein?

DIDIER. Oui, dès que je serai sorti d'ici.

MONTORGUEIL. Alors, vous n'en sortirez pas. A l'œuvre!

DIDIER. O ciel! que faire? que devenir?

On enlève le billard et on trouve Bagnolet qui s'est caché dessous.

PLURE D'OIGNON. Bagnolet !

DIDIER. Ah !

MONTORGUEIL. Bagnolet ici ! Tu ne me quitteras plus, et je réponds de ton silence... Enfermez d'abord celui-là !

On force Didier à descendre par une trappe qu'on vient d'ouvrir.

PLURE D'OIGNON. Alerte, une patrouille !

DIDIER. Ah ! l'on vient à mon secours! à moi !

On referme la trappe, et on remet le billard dessus ; la patrouille paraît.

TOUS. La poule ! la poule !

LE SERGENT. Pourquoi ce bruit ?

PLURE D'OIGNON. Rien, sergent, c'est que demain on ferme la boutique et nous enterrons l'établissement.

LE SERGENT. A la bonne heure ! mais ne criez pas tant.

TOUS. Adieu, sergent.

La patrouille sort.

PLURE D'OIGNON. Ils s'éloignent !

DIDIER, dans la cave. A moi ! au secours !

MONTORGUEIL. Chantez donc, vous autres.

Tous se remettent à chanter en frappant avec les queues.

ACTE QUATRIEME.

Premier Tableau.

Le jardin du cabaret de la *Chatte amoureuse* ; à droite, l'entrée de la cuisine avec un comptoir garni de comestibles ; à gauche, un pavillon.

SCÈNE PREMIÈRE.

CHALUMEAU, POPLARD, BUVEURS, UNE SERVANTE.

Au lever du rideau, Chalumeau, Poplard et les buveurs sont assis à une table et boivent.

CHALUMEAU. Allons, vous autres, à la santé des vrais Bohémiens.

TOUS. A la santé des vrais Bohémiens.

UNE VOIX, dans la coulisse. Enlevez l'rôti !.. débrochez !

CHALUMEAU. Dis donc, Poplard, paraît que ça chauffe là dedans; v'là le monde qui va arriver à la Chatte amoureuse.

LA SERVANTE, entrant. Allons, allons, messieurs, faut vous retirer, le jardin est retenu pour une noce.

CHALUMEAU. Une noce, ça me va !

POPLARD. Ça nous va... ça me chausse.

LA SERVANTE. Les voilà, dépêchez-vous d'filer !

CHALUMEAU. Filer !... plus souvent!

SCÈNE II.

LES MÊMES, BAGNOLET, ARTHÉMISE, LOUISE, PLURE D'OIGNON, GENS DE LA NOCE arrivant gaiement.

ARTHÉMISE. Ah! enfin! nous y voilà ; c'est très-gentil ici !

TOUS. C'est charmant.

ARTHÉMISE. Ah ça, et mon mari...

TOUS. Le voilà !

BAGNOLET, qui donne le bras à Louise. Là, cette petite promenade vous fera du bien, mademoiselle Louise.

ARTHÉMISE. Et surtout tâchez de vous distraire un peu.

LOUISE. Me distraire !

Elle s'assied sur le devant à gauche.

PLURE D'OIGNON. Allons, vive la joie! ici on peut rire et danser tout à son aise.

BAGNOLET, à part. Rire et danser !... faut qu'il n'ait pas d'entrailles ,

ARTHÉMISE. Ah ça, qu'est-ce que vous avez donc, Bagnolet? pour un jour de mariage, vous n'êtes guère jovial.

BAGNOLET. Moi, au contraire... je suis très-gai... très-follichon !..... Je m'amuse beaucoup.

ARTHÉMISE. Ma foi, on ne le dirait pas..... vous êtes pâle, distrait... Pendant toute la route, vous n'avez pas desserré les dents... Si c'est comme ça que vous comprenez vos devoirs d'époux...

BAGNOLET. Mais, chère Arthémise... je t'assure...

PLURE D'OIGNON. Mais va donc, va donc, bêtat... fais donc la cour à ta femme.

BAGNOLET, bas. Monsieur Plure d'Oignon, je vous supplie de ne pas vous immiscer dans mes affaires de ménage ! Vous êtes ici, ça doit vous suffire

CHALUMEAU, *s'avançant avec Poplard.* Tiens, mais c'est Bagnolet.

BAGNOLET. Chalumeau ! Poplard !

ARTHÉMISE, *à part.* Qu'est-ce que c'est encore que ces deux là?

CHALUMEAU. Ah ça, tu es donc de noce ?

PLURE D'OIGNON. Lui !... Pardine, c'est marié !

POPLARD *et* CHALUMEAU. Le marié !

CHALUMEAU. Ah ça, mais alors tu nous invites, pas vrai?

ARTHÉMISE, *sèchement.* Pardon, messieurs, mais il n'y a plus de place.

CHALUMEAU *et* POPLARD. Hein?... Comment ! un refus !

BAGNOLET, *à Arthémise.* Permets, chère amie... je vais leur parler... les renvoyer adroitement... Mon cher Poplard... mon bon Chalumeau,... désolé de ne pouvoir vous admettre... mais c'est un pique-nique.

CHALUMEAU ET POPLARD. Un pique-nique.

BAGNOLET. Oui, à la mode anglaise, chacun son écot, et vos moyens ne vous permettent peut-être pas...

CHALUMEAU. Dam! ça dépend du prix.

POPLARD. Combien par tête!

BAGNOLET, *à part.* Effrayons-les. (*Haut.*) Quarante-trois sous sans le vin.

CHALUMEAU. Cristi, c'est un peu salé.

POPLARD. Mais c'est égal, y a moyen d'arranger ça; on ne marchande pas avec les amis, et tu payeras pour nous.

CHALUMEAU. C'est dit : nous restons.

BAGNOLET. Comment! mais...

ARTHÉMISE, *qui pendant ce colloque a causé avec Louise.* Eh bien?

BAGNOLET. Eh bien, c'est arrangé; ils restent.

ARTHÉMISE. Jolis amis que vous avez là!... comme si ce n'était pas assez de ce M. Plure d'Oignon.

BAGNOLET. Ah! celui-là, c'est bien malgré moi.

ARTHÉMISE. Allons, laissons ça... Pour avoir tout le temps de danser, je propose de dîner tout de suite.

TOUS. Oui, oui, dînons, dînons.

ARTHÉMISE. La fille! la fille!

PLURE D'OIGNON. Attendez, je vas la faire venir, Ohé! la fille!... ohé!

ARTHÉMISE. Ah! mon Dieu, quel genre!

LA SERVANTE, *accourant.* Voilà ! voilà!... Quoi qu'y faut vous servir?

BAGNOLET. Voyons... il nous faut un dîner copieux!... Nous sommes vingt-deux... prenons d'abord du veau pour six!...

CHALUMEAU. Pour six!... eh ben! excusez!... A quarante-trois sous par tête, faut chacun son veau.

TOUS, *en sens divers.* Oui, oui, du veau!... Non, non, pas de veau.

ARTHÉMISE. Ah ! si chacun donne son avis,

il n'y a pas moyen de s'entendre... Voyons, qu'est-ce que vous avez?...

LA SERVANTE. Nous avons des pieds de mouton, des gigots de mouton, des côtelettes de mouton, des rognons de mouton et des....

BAGNOLET. Rien que du mouton !

PLURE D'OIGNON. C'est pas tout ça... vous allez nous faire écorcher... Voilà comme on s'arrange... (*Allant au comptoir et piquant un morceau de viande.*) Combien l' gigot?

LA SERVANTE. Six francs, au juste.

PLURE D'OIGNON. On vous en donne quatre livres dix-neuf... Mettez-nous ça de côté, et n'en parlons plus. (*Allant chercher un autre plat.*) Maintenant, cette volaille ?

LA SERVANTE. Cent sous.

PLURE D'OIGNON. Cent sous! ça... un poulet de quinze jours, et qu'est mort de la coqueluche... Mais regardez donc, regardez donc...

Il passe le poulet à Chalumeau qui le flaire.

CHALUMEAU. Cent sous, ça! c'est trop cher !

TOUS. Oh! c'est trop cher!... c'est trop cher !

PLURE D'OIGNON. Cinquante-cinq sous le poulet. Enlevé !

ARTHÉMISE. Mais il faudrait autre chose...

LA SERVANTE. C'est pas tout ça; venez à la cuisine, vous choisirez vous-même.

BAGNOLET. C'est ça... j'adopte cette ouverture !

Il va pour sortir.

PLURE D'OIGNON, *le retenant.* Minute ! reste auprès de ta femme... Poplard entend mieux ça... il dira au bourgeois de nous arranger dans le soigné.

POPLARD. C'est dit : j'y cours !

Il sort.

BAGNOLET, *à part.* Impossible de bouger... Gredin de Plure d'Oignon !

ARTHÉMISE. Pendant ce temps-là, faut mettre la table.

TOUS. Oui, oui, mettons la table.

Tous les gens de la noce vont chercher une grande table et mettent le couvert.

ARTHÉMISE, *à Louise, qui est restée sur le devant.* Eh bien! mamzelle Louise, vous ne venez pas nous aider?

LOUISE. Pardon, pardon ; mais je suis si inquiète, si troublée... depuis deux jours que je n'ai vu Didier !....

BAGNOLET, *à part.* Didier !..

Plure d'Oignon l'arrête.

ARTHÉMISE. Venez donc, ça vous distraira ; c'est pour ça que je vous ai amenée ici.

LOUISE. Ah! j'ai eu tort de venir : je trouble votre gaieté, votre bonheur...

ARTHÉMISE. Mais non... mais non !... j' suis seulement fâchée de vous voir si triste.

POPLARD, *arrivant avec une grande soupière sur la tête et suivi de garçons qui por-*

tent des plats. Gare l'eau ! gare l'eau ! v'là le potage !

TOUS. A table ! à table !

ARTHÉMISE, *à Louise.* Allons, venez à côté de moi, et ne pensons plus qu'à nous divertir.

TOUS. A table ! à table !

Elle l'emmène ; tout le monde se place. Pendant le pêle-mêle général, un homme s'est approché de Plure d'Oignon, lui a parlé bas et l'a emmené, ce qui n'a été remarqué que d'Arthémise et de Chalumeau.

CHALUMEAU. Ah ça, c'est moi que je découpe le pain. Qu'est-ce qui va déboucher les bouteilles ?

BAGNOLET. Donnez ; je m'en charge. (*A part.*) Je n'ai pas plus faim que l'enfant au biberon. (*En disant cela, il vient sur le devant, et met la bouteille entre ses jambes pour la déboucher.*) En voilà une jolie position pour un jour de noces !... (*Cherchant à déboucher la bouteille.*) Avec ça que j'ai toujours un de ces scélérats sur mes talons... de bottes. Depuis l'horrible scène de l'estaminet, la venette ne m'a pas quitté... Et ce pauvre Didier, il me semble toujours le voir dans sa cave.

Il recommence à tirer.

ARTHÉMISE, *de la table.* Eh bien ! Bagnolet, vous ne venez pas ?

BAGNOLET. C'est pas moi ; c'est le bouchon qui ne veut pas venir.

TOUS. A boire ! à boire !

BAGNOLET. Allons, bon, le v'là cassé.

TOUS. A boire ! à boire !

On passe les bouteilles.

ARTHÉMISE. C'est ça ; amusons-nous ; et pour commencer, je vais vous chanter le bonheur du ménage.

TOUS. Oui ; c'est ça ! c'est ça !

LE BONHEUR DU MÉNAGE.

Air *de M. Arthus.*

PREMIER COUPLET.

Si d'une union parfaite
Vous souhaitez les attraits,
Écoutez ma chansonnette,
Elle en donne les secrets.
Notre sexe aima sans cesse
A commander ici bas ;
Le mari, par politesse,
Doit donc lu céder le pas.

Le devoir, le voilà,
    C'est le gage
    D'un bon ménage ;
Le bonheur, le voilà,
Retenez cett' leçon-là !

TOUS.

Le bonheur, etc.

DEUXIÈME COUPLET.

Entre époux que l'on se garde
D'faire un partage inégal !
Au mari les billets d' garde,
A la femm' les billets d' bal.

Le dimanch', si l'on projette
De dîner sur le gazon,
La femm' porte une bell' toilette,
Le mari porte... un melon.

Le devoir, le voilà,
    C'est le gage
    D'un bon ménage ;
Le devoir, le voilà,
Retenez cett' leçon-là !

TOUS.

Le devoir, etc.

TROISIEME COUPLET.

Vous tous que l'hymen engage,
Ayez toujours même avis ;
Rien n'est beau comme l'image
De deux époux bien unis.
C'est le vrai bonheur sur terre,
Croyez-moi, car je tiens ça
De feu ma bonne grand' mère,
Qui dans son temps divorça.

Le devoir, le voilà,   —
    C'est le gage
    D'un bon ménage ;
Le devoir, le voilà,
Retenez cett' leçon !

TOUS.

Le devoir, etc.

TOUS. Bravo ! bravo ! vivent les mariés !

BAGNOLET. Oui, vivent les mariés... (*A part.*) Et dire que je m'amuserais beaucoup, que je serais très-heureux, sans ce cauchemar de Plure d'Oignon, qui est cause... de... (*En disant cela, il cherche autour de lui.*) Eh bien ! eh bien !... où est-il donc ?

ARTHÉMISE. Qui ça ?

BAGNOLET. Plure d'Oignon... je ne le vois plus.

ARTHÉMISE. Eh ! qu'importe M. Plure-d'Oignon ? D'ailleurs, je crois qu'on est venu le chercher.

CHALUMEAU. Plure d'Oignon ?... Eh ! oui ; j'ai entendu qu'il allait voir les travaux d'une maison qu'on démolit... rue de la Fidélité.

BAGNOLET. Ah ! ciel !

TOUS. Qu'y a-t-il ?

BAGNOLET, *à part, dans le plus grand effroi.* Rue de la Fidélité !... Ça doit être ça !... Le malheureux !... ils veulent l'enterrer sous les décombres.

ARTHÉMISE. Mais qu'avez-vous donc, Bagnolet ?

BAGNOLET. Ah ! ma foi, puisqu'il n'est pas là... je n'y tiens plus !... et quoi qu'il doive arriver... je parle... oui, oui, je vais tout dire... Sachez donc, mes amis...

SCÈNE III.

LES MÊMES, MONTORGUEIL.

MONTORGUEIL, *entré sur les derniers mots, s'est placé derrière Bagnolet et lui touche l'épaule ; bas.*) Tais-toi !

BAGNOLET, *effrayé*. Hein? (*Se détournant.*) Montorgueil !... Ah ! je suis perdu !

ARTHÉMISE, *à part*. Tiens, quel est ce monsieur ? Il est très-bien.

MONTORGUEIL, *légèrement*. Ah ! ah !... ce cher Bagnolet !... Tu ne t'attendais pas à me voir !... J'ai voulu te faire une surprise, et je viens sans façon m'inviter à ta noce.

BAGNOLET. Ah ! mon Dieu ! c'est fait de moi.

ARTHÉMISE. Eh bien, Bagnolet, vous ne remerciez pas monsieur ?... Ah ! s'il n'avait que de pareilles connaissances...

BAGNOLET, *à part*. Oui, elle est jolie, la connaissance.

MONTORGUEIL. Oui, mon cher, quand j'ai su que tu étais ici, j'ai tout quitté... Je voulais être le premier à embrasser la mariée.

BAGNOLET, *à part*. Embrasser la mariée !

ARTHÉMISE, *minaudant*. Comment donc, monsieur, c'est bien aimable à vous... Donnez-vous donc la peine de vous asseoir.

MONTORGUEIL. Merci ! merci ! je serais désolé de déranger personne. Seulement, je vous demanderai la permission de porter un toast de circonstance. (*Se versant.*) Allons, à la santé du marié !

TOUS. A la santé du marié !

BAGNOLET. Ah ! oui, à ma santé !... ah ! oui, c'est de circonstance !... Je suis bien mal à mon aise !

Il tombe sur une chaise.

ARTHÉMISE. Ah ! ciel ! comme il est pâle ! Il se trouve mal !

Tout le monde se lève ; on retire la table, et on se presse autour de Bagnolet. Pendant ce mouvement, Montorgueil s'approche de Louise.

MONTORGUEIL, *à Louise*. Madame, dans un quart d'heure, ici, j'ai à vous parler !..

LOUISE, *étonnée*. A moi, monsieur ?... Mais je ne sais si je dois...

MONTORGUEIL. C'est de la part de Paul Didier.

LOUISE. De Paul !... Oh ! je viendrai, je viendrai, monsieur !

MONTORGUEIL. De la discrétion : il faut que tout le monde ignore...

LOUISE. Comment ?

MONTORGUEIL. Silence ! (*Se rapprochant du groupe.*) Eh bien ! ce pauvre Bagnolet, comment va-t-il ?... Mieux, n'est-ce pas ?

ARTHÉMISE. Oui, oui... ce ne sera rien, j'espère !

MONTORGUEIL. Justement, pour le jour de son mariage, j'ai une bonne affaire à lui proposer, et quand nous serons seuls...

BAGNOLET, *à part, avec effroi*. Seuls !...

ARTHÉMISE. Alors, causez à votre aise ; nous allons prendre le café dans le grand salon, et nous vous laissons ensemble.

BAGNOLET. Comment ! mais...

MONTORGUEIL, *lui prenant le bras*. Si tu dis un mot, tu es mort.

BAGNOLET, *à part*. Mort ! je le suis déjà. (*Haut.*) Eh bien ! oui, laissez-nous.

ARTHÉMISE. Allons, partons, vous autres... Votre servante, monsieur... Décidément, i est très-bien ! Partons ! partons !

On sort en reprenant le refrain de la chanson

SCÈNE IV.

MONTORGUEIL, BAGNOLET

BAGNOLET. Seul avec lui !... Ah ! Dieu ! je sens mes jambes qui s'en vont... et je voudrais bien faire comme elles.

MONTORGUEIL. Tu avais donc oublié m défense ?

BAGNOLET. Oublié... ja... jamais... seulement... je...

MONTORGUEIL. Seulement, si je n'étais arrivé à temps, tu nous trahissais... Mais ma vengeance aurait suivi de près...

BAGNOLET. J'en suis certain... Aussi ça ne m'arrivera plus... Adieu.

MONTORGUEIL. Où vas-tu ?

BAGNOLET. Mais... retrouver ma femme

MONTORGUEIL. Du tout ; je ne veux pas que tu me quittes.

BAGNOLET. Permettez ; il faudra pourtant bien finir par là... je ne veux pas toujours priver mon épouse de son époux.

MONTORGUEIL. Tu seras libre quand je n'aurai plus rien à craindre de ton indiscrétion.

BAGNOLET. Et la craindrez-vous encore bien longtemps mon indiscrétion ?

MONTORGUEIL. Cela dépend !

BAGNOLET. Merci !

MONTORGUEIL. Il faut d'abord que je voie une personne que j'attends ici. N'as-tu pas remarqué une espèce d'idiot appelé, je crois... Crèvecœur ?...

BAGNOLET. L'Abruti ! non... (*A part.*) Pourquoi donc faire ? est-ce qu'il veut le mettre aussi à la cave ?

MONTORGUEIL. Eh ! tiens... justement l voilà. J'ai à te parler ; attends-moi

BAGNOLET. Où donc ?

MONTORGUEIL. Là !

Il indique le pavillon.

BAGNOLET, *à part*. Là !

MONTORGUEIL. Oui ; pour quelques instants.

BAGNOLET, *sur le seuil de la porte*. Ah ! je te repincerai peut-être à mon tour.

Il entre dans le pavillon, Montorgueil l'enferme et retire la clef.

MONTORGUEIL. D'ici j'aurai l'œil sur lui !

SCÈNE V.

MONTORGUEIL, CRÈVECŒUR, *puis* LA SERVANTE.

MONTORGUEIL. Approche, approche, mon brave !

CRÈVECŒUR, *entrant*. C'est vous qui m'avez fait dire...

MONTORGUEIL. Que j'avais à te parler... mais je sais que tu n'aimes pas à parler sans boire. Faisons donc venir de quoi te délier la langue. Holà ! la fille !...

LA SERVANTE, *paraissant*. Voilà ! voilà ! Qu'est-ce qu'il faut servir à monsieur ?

MONTORGUEIL. De l'eau-de-vie.

LA SERVANTE. Deux petits verres à ces messieurs.

MONTORGUEIL. Une bouteille, et deux verres.

LA FILLE, *à part*. Une bouteille !... Sapristi ! paraît qu'ys ont diablement soif.
Elle sort.

MONTORGUEIL, *à lui-même, pendant que Crèvecœur va s'asseoir à une table sur le devant*. Allons, la partie est engagée, il faut la jouer jusqu'au bout; je suis débarrassé de Charles Didier; et si je ne puis tout à l'heure me défaire de cette femme par la persuasion ou la ruse, voilà celui qui m'en débarrassera.

LA FILLE. Le cognac et les verres... Ces messieurs n'ont plus besoin de rien ?

MONTORGUEIL. Non; laissez-nous ! (*Allant à la table où est Crèvecœur*.) Ah ça, maintenant, à nous deux, mon brave... (*Versant*.) Dis-moi un peu ce que tu penses de cette eau-de-vie là ?

CRÈVECŒUR, *buvant à plein verre*. Dame ! c'est toujours bon l'eau-de-vie.

MONTORGUEIL. En ce cas, encore un verre, et causons.

CRÈVECŒUR, *buvant*. Causons !

MONTORGUEIL. Parlons de Marie Hubert !

CRÈVECŒUR, *avec violence, et se levant*. Marie Hubert !... Non, non, ne parlons pas d'elle... voyez-vous, ça me brise la tête, ça me déchire le cœur... ça... ça me rend fou.

MONTORGUEIL, *le faisant rasseoir*. Allons, calme-toi, et écoute. Ce n'est pas comme les autres, au hasard et sans raison, que je t'ai jeté ce nom à l'oreille... si je t'en parle, moi, c'est que je l'ai connue.

CRÈVECŒUR. Vous ! vous avez connu Marie !... Elle était bien belle, n'est-ce pas ?

MONTORGUEIL. Oui !

CRÈVECŒUR. Et bonne !... C'était trop bon... c'est mort jeune.

MONTORGUEIL. Elle avait vingt-cinq ans à peine.

CRÈVECŒUR. Oui !

MONTORGUEIL. Elle habitait le village de Sainte-Claire.

CRÈVECŒUR. Oui !

MONTORGUEIL. Et elle vivrait encore heureuse si on lui avait laissé son mari pour la nourrir et la défendre.

CRÈVECŒUR, *pleurant*. Oh ! oui... oui !

MONTORGUEIL. Mais un jour il fut arrêté, mis en jugement, et condamné, car il était coupable.

CRÈVECŒUR. Innocent !

MONTORGUEIL. Innocent ou coupable n'importe !

CRÈVECŒUR. Innocent que je vous dis !... Je le sais bien ; je n'ai jamais volé, moi...

MONTORGUEIL. Toi !... (*A part*.) Je ne me trompais pas... (*Haut*.) Tu te nommes donc Jérôme Hubert ?

CRÈVECŒUR. Jérôme !... oui, pour elle. Pour les autres, Crèvecœur... ou bien l'Abruti... ou bien... je ne sais pas.

MONTORGUEIL. Ainsi, c'est bien toi qu'ils ont condamné à vingt années de bagne ?

CRÈVECŒUR. C'est moi qui ai tant souffert... c'est moi que l'on a arraché d'auprès d'elle... d'elle, que je laissais sans pain, et enceinte, mon bon Dieu !... Tant de souffrances pour elle !... Ah ! c'est peut-être un bonheur qu'elle soit morte... Oui, quand je suis revenu, il y a deux ans, il y en avait trois qu'elle était morte.

MONTORGUEIL. Et pourtant tu ne pardonnerais pas à l'auteur de sa mort ?

CRÈVECŒUR, *avec feu*. Oh ! non, non ! jamais !

MONTORGUEIL. Et si tu le connaissais... que ferais-tu ?

CRÈVECŒUR, *froidement*. Je le tuerais !

MONTORGUEIL, *lui versant*. Encore un coup !... (*Ils boivent*.) Eh bien, cette personne, je la connais.

CRÈVECŒUR. Vous ?

MONTORGUEIL. C'est une femme !

CRÈVECŒUR. Une femme !

MONTORGUEIL. Moins belle que Marie !... Elle était envieuse, jalouse; elle la haïssait, enfin.

CRÈVECŒUR. Cette femme... cette femme...

MONTORGUEIL. Ce soir, peut-être, tu pourras la voir.

CRÈVECŒUR. Ce soir !... Où ça ?

MONTORGUEIL. Près d'ici; à l'entrée des carrières Montmartre; à gauche, dans la maison du gardien de jour, au bout du village d'Orsel.

CRÈVECŒUR. Aux carrières !

MONTORGUEIL. Près du village d'Orsel... Si elle vient, tu la reconnaîtras bien ; car elle te dira elle-même : J'ai vu mourir Marie Hubert.

CREVECŒUR. Ah ! si elle dit ça... malheur à elle !

Il se dirige vers le fond.

MONTORGUEIL. Où vas-tu ?

CREVECŒUR. L'attendre !

MONTORGUEIL, *lui montrant la bouteille d'eau-de-vie.* Tiens, emporte cette.....

CREVECŒUR, *allant à la table et prenant un couteau.* Non, j'emporte ça ! Adieu !

Il sort.

MONTORGUEIL, *seul.* Si Louise consent à sortir, il attendra pour rien ; mais l'heure est écoulée ; elle ne peut tarder à venir... quelqu'un... c'est elle... il était temps.

SCÈNE VI.

MONTORGUEIL, LOUISE.

LOUISE. Enfin, j'ai pu m'échapper... Ce bruit, cette gaieté me faisaient mal. Mais que peut me vouloir cet homme ?... il s'agit de Paul, m'a-t-il dit ?

MONTORGUEIL. Pardon, madame ; je viens auprès de vous de la part d'un ami commun, de Charles Didier.

LOUISE. Charles ! lui serait-il arrivé quelque malheur ?

MONTORGUEIL. Rassurez-vous, madame, vous n'avez rien à craindre, pour lui du moins.

LOUISE. Mais pour qui donc alors ?

MONTORGUEIL. Pour notre pauvre Paul.

LOUISE. Grand Dieu !

MONTORGUEIL. Il est obligé de se cacher, de quitter Paris.

LOUISE. Se cacher !

MONTORGUEIL. Oui, madame ; poursuivi pour une somme très-considérable... Vainement pour le sauver nous avons épuisé toutes nos ressources, son frère et moi ; nous n'avons pu ravoir qu'une partie des acceptations qu'il a follement souscrites ; et tenez, en voici une... une seule, au profit d'un M. Digonard, qui s'élève à 200,000 francs. Voyez...

LOUISE. Oui, c'est vrai, c'est bien vrai !

MONTORGUEIL. Il faut donc qu'il parte au plus tôt, sa fuite est convenue, assurée... Vous, madame, Charles désire qu'au plus vite vous montiez en voiture pour vous rendre à Tours ; c'est là, c'est au pays, que Paul doit vous rejoindre.

LOUISE. Partir sans lui ! oh ! jamais ! jamais !

MONTORGUEIL. Que dites-vous ?

LOUISE. Je dis, monsieur, que s'il court des dangers, mon devoir est d'être près de lui ; que je ne dois, que je ne veux m'éloigner qu'avec Paul.

MONTORGUEIL. Mais si c'était impossible... si pour sa sûreté il était nécessaire qu'il partît seul ?

LOUISE. Pardonnez-moi, monsieur, mais j'ai tant souffert que mon cœur a désappris la confiance, et je ne vois plus autour de moi que piéges et que trahison... Je sais d'ailleurs qu'on a voulu m'enlever Paul pour toujours, je sais qu'on a voulu le marier à une autre... et aujourd'hui, si l'on ne cherchait à m'éloigner que pour accomplir ce mariage...

MONTORGUEIL. Que dites-vous ?

LOUISE. Que je suis injuste, que je suis folle, peut-être, mais que je ne partirai que bien certaine qu'il ne peut en épouser une autre.

MONTORGUEIL. Ah !... pour cela que ferez-vous, madame ?...

LOUISE. Je verrai cette demoiselle Desrosiers.

MONTORGUEIL, *bas.* Diable !

LOUISE. Je lui dirai les liens qui m'unissent à Paul... ses serments... mon amour... toute ma vie et la sienne... et quand elle saura tout, alors je partirai tranquille, alors j'irai l'attendre.

MONTORGUEIL, *à part.* Allons... c'est elle qui l'aura voulu ! (*Haut.*) Vos soupçons sont légitimes, madame ; eh bien, faites mieux, voyez-le vous-même.

LOUISE. Paul ! oh ! oui, oui ; je vous remercie, monsieur ; que je le voie, que je lui parle... et après j'aurai de la résignation, du courage.

MONTORGUEIL. Vous le verrez.

LOUISE. Mais où donc ?

MONTORGUEIL. Près d'ici, où il se cache, de peur d'être arrêté... où je dois aller ce soir le prendre avec une voiture, à l'entrée des carrières Montmartre, au bout du village d'Orsel, dans la maison du gardien de jour...

LOUISE. Et vous êtes sûr que je l'y trouverai ?

MONTORGUEIL. Lui, ou un homme qui vous conduira près de Paul... un homme auquel pour vous faire connaître, car la prudence est nécessaire, vous direz une phrase mystérieuse dont nous sommes convenus : J'ai vu mourir Marie Hubert !

LOUISE, *avec étonnement.* J'ai vu mourir... Marie Hubert ! O ciel !... mais pourquoi ces terribles paroles ?

MONTORGUEIL. Avez-vous peur de les prononcer ?

LOUISE. Peur ! non. C'est Paul qui les a choisies, n'est-ce pas ?

MONTORGUEIL. Lui-même !

LOUISE. Alors je n'hésite plus... Le trouverai-je maintenant ?

MONTORGUEIL. Oui...

On entend les rires de la noce.

LOUISE. Adieu, monsieur.

Elle va pour sortir.

MONTORGUEIL. Arrêtez!.. Un mot encore... c'est le seul moyen de vous décider à partir?

LOUISE. Oh! le seul!

MONTORGUEIL, *avec résolution.* Adieu donc, madame...

LOUISE. Adieu!...

Elle sort, et toute la noce entre gaiement en scène.

SCÈNE VII.

MONTORGUEIL, ARTHÉMISE, LA NOCE, *puis* PLURE D'OIGNON, *puis* BAGNOLET.

ARTHÉMISE. Dieu de Dieu! que c'est amusant les balançoires!... j'adore les balançoires!... Tiens! monsieur, vous v'là tout seul; où est donc passé mon mari?

MONTORGUEIL. Votre mari?... (*A part.*) Je l'avais oublié... (*Haut.*) Rassurez-vous, ma belle impatiente; on va vous le rendre, votre mari...

PLURE D'OIGNON, *entrant précipitamment.* Ouf! enfin me v'là moi... Pardon, excuse, tout le monde et la compagnie... mais voyez-vous, l'ouvrage pressait... (*Voyant Montorgueil.*) Tiens... serviteur, monsieur! Eh bien, la maison de votre ami, c'était une fière bicoque, allez; dès le premier coup de pioche, patatra... toute la masure s'est écroulée... et à présent les trois étages sont dans la cave.

MONTORGUEIL, *bas.* Tout est donc fini?

Signe de tête affirmatif de Plure d'Oignon,

ARTHÉMISE. Ah ça, mais, mon mari... où est-il donc?

MONTORGUEIL. Il est là, dans ce pavillon...

ARTHÉMISE. Dans ce pavillon!... ah!... bah!... (*Elle appelle.*) Bagnolet!... Mais il ne répond pas...

MONTORGUEIL. Je suis pourtant bien sûr... (*Il pousse la porte.*) Bagnolet!

TOUS, *criant.* Bagnolet! Bagnolet!

BAGNOLET, *paraissant pâle et défait.* Me voilà... me voilà... Est-ce que vous m'appelez depuis longtemps?

MONTORGUEIL. Mais sans doute. Que faisais-tu donc?

BAGNOLET, *à part.* Ah! je suis revenu à temps. (*Haut.*) Moi, je... m'étais endormi.

ARTHÉMISE. Endormi le jour de son mariage... Eh bien, ça promet... mais pourquoi donc êtes-vous si blême.

BAGNOLET. Si blême!... ah! c'est que... c'est que j'ai fait un rêve... un rêve atroce.

TOUS. Un rêve!

BAGNOLET, *à part.* Il m'observe! (*Haut.*) Oui, je vous conterais ça pour vous égayer.

ARTHÉMISE. Allons, allons; à présent, en place pour la contredanse!

TOUS. En place pour la contredanse!

On se met en place.

MONTORGUEIL, *à part.* Ceci n'est pas clair! (*Bas à Plure d'Oignon, en lui montrant Bagnolet.*) Ne le perds pas de vue! A tout prix, il me faut son silence.

PLURE D'OIGNON. Ça suffit, j'attends!

On crie: la Chaîne anglaise! La toile tombe.

Second Tableau.

L'entrée des carrières de Montmartre.

SCÈNE PREMIÈRE.

OUVRIERS PLATRIERS.

Au lever du rideau ils sont en train de travailler.

PREMIER OUVRIER. Allons, camarades... v'là sept heures, la journée est finie... c'est le moment de rentrer chez soi, d'aller manger la soupe pour ceux qui l'aiment, et d'embrasser sa femme pour ceux qu'en ont...

DEUXIÈME OUVRIER. En route, et n'oublions pas nos outils; faut rien laisser traîner ici.

PREMIER OUVRIER. C'est vrai; il couche dans les carrières un tas de vagabonds et de fainéants.

DEUXIÈME OUVRIER. Et quand on oublie quèque chose le soir, on est sûr de ne pas le retrouver le lendemain.

PREMIER OUVRIER. Allons, y sommes-nous?

TOUS. Oui... oui!

DEUXIÈME OUVRIER. Eh bien, en traversant Clignancourt, nous ferons une petite halte chez le papa Ramponneau.

PREMIER OUVRIER. C'est ça; ce gredin de plâtre, ça voltige tant, qu'on en respire plus qu'à son tour... pour ma part, j'ai de quoi bâtir trois étages dans la gorge.

DEUXIÈME OUVRIER. On va te faire couler ça... Venez vous?

PREMIER OUVRIER. Un instant! et la ronde? François et Baptiste, vous allez m'aider. (*Aux autres.*) Allez devant; nous vous rejoindrons.

Sortie des Ouvriers. Le premier Ouvrier, François et Baptiste font la ronde avec des lanternes.

FRANÇOIS, *ramenant Poplard.* Eh bien, quèque vous faisiez là?...

POPLARD. Pardon, monsieur... je respirais la grande air.

PREMIER OUVRIER, *ramenant Plure d'Oignon.* Est-ce que c'est un endroit pour dormir, ici?

PLURE D'OIGNON. Dormir, moi? plus souvent! je me promenais un peu en sortant de mon bureau.

PREMIER OUVRIER. Vous vous promenez donc sur le dos, vous, méchant farceur?

BAPTISTE, *ramenant Chalumeau.* Ah ça, et vous?...

CHALUMEAU. J'attendais l'omnibus !

BAPTISTE. Prenez garde qu'on ne vous mette à l'ombre?

PREMIER OUVRIER. Allons, tournez-moi les talons !

PLURE D'OIGNON. C'est dit. (*Bas aux deux autres.*) Allons retrouver les amis sur l'autre versant de la butte. (*A part.*) Ma foi, monsieur Montorgueil viendra savoir lui-même le résultat de l'affaire.

LES OUVRIERS. Allons, en route !

LES BOHÉMIENS. Voilà! voilà !

Sortie générale.

SCÈNE II.

CRÈVECŒUR, *seul.*

A peine les Ouvriers sont-ils hors de scène que Crève-cœur entre de l'autre côté.

Y sont partis?... (*Il va regarder dans les fours à plâtre.*) Tous partis !... j'aime mieux ça... à présent y faut attendre... (*Il s'assied sur un banc de pierre.*) Est-ce bien vrai qu'elle va venir?... Oui !... oui !... il ne m'a pas trompé, cet homme... il m'a tout dit, le pays de Marie, l'âge de Marie... sa mort... tout !... oui, il m'a tout dit !... Ah! tu l'as fait mourir, et je ne la vengerais pas... (*Il se lève.*) Oh! si, si! Mais viens donc... viens donc?... (*Il marche à grands pas.*) Elle ira frapper à la maison du gardien de jour, à gauche... (*Il la montre.*) Bon.

SCÈNE III.

CRÈVECŒUR, LOUISE.

LOUISE, *qui entre en cherchant.* Comme ce lieu est triste !

CRÈVECŒUR. Une femme ! ça doit être ça.

LOUISE. Mon courage m'abandonne !

CRÈVECŒUR. Voyons !...

LOUISE, *poussant un cri.* Ah! qui êtes-vous?... que me voulez-vous?...

CRÈVECŒUR. Tiens , je vous connais... c'est vous qu'avez voulu vous tuer?

LOUISE. Attendez... et c'est vous qui avez aidé à me sauver?

CRÈVECŒUR. Oui ; mais pourquoi venez-vous ici?

LOUISE. C'est que j'y cherche quelqu'un.

CRÈVECŒUR. Quelqu'un... vous... non , non, allez-vous-en... allez-vous-en...

LOUISE. Impossible !... Mais vous-même...

CRÈVECŒUR. Moi! j'attends !... faut que je

reste... (*avec force*) faut que je me ven... mais pas devant vous... Allez-vous-en, allez-vous-en!

LOUISE, *à part.* Il attend... serait-ce lui qui doit me conduire? Voyons d'abord!

Elle s'éloigne de Crèvecœur et se dirige vers la maison du gardien.

CRÈVECŒUR. Ah !... elle s'en va !... elle s'en va !...

LOUISE. La maison à gauche, ce doit être celle-ci.

Elle frappe.

CRÈVECŒUR. Hein !... pourquoi voulez-vous entrer là?... pourquoi frappez-vous à cette porte ?

Il va la prendre par le bras et la fait redescendre.

LOUISE. Mais, je vous l'ai dit... il faut que je voie quelqu'un...

CRÈVECŒUR. Mais il n'y a que moi... que moi seul ici !

LOUISE. Vous seul ! mais alors, c'est donc à vous qu'il faut que je parle ; c'est donc à vous que je dois dire : J'ai vu mourir Marie Hubert.

CRÈVECŒUR. Malheureuse!

Il lève le bras.

LOUISE, *poussant un cri.* Ah !

CRÈVECŒUR. Oh! répétez !... répétez !... car si c'était une autre, tout serait déjà fini... mais vous... je ne sais pas... je frissonne !... j'hésite !

LOUISE. Mais calmez-vous... calmez-vous, de grâce... ne vous a-t-on pas prévenu qu'une femme viendrait ici ?

CRÈVECŒUR. Une femme... oui... oui... après?

LOUISE. Ne vous a-t-on pas dit qu'elle frapperait à cette porte?

CRÈVECŒUR, *tournant le couteau dans sa main.* Oui, à cette porte... après?

LOUISE. Et qu'elle vous dirait enfin : J'ai vu mourir Marie Hubert?

CRÈVECŒUR, *levant le couteau.* Miséra ble !... c'est donc vrai?...

LOUISE , *tombant à genoux.* Mais oui, je l'ai vue mourir, puisque c'était ma mère !

CRÈVECŒUR. Ta mère !... ta... mère !... ô mon Dieu! mon Dieu !

LOUISE. Ce regard !...

CRÈVECŒUR. Ah ! parle ! n'aie pas peur... n'aie pas peur! parle ! c'était ta mère, n'est-ce pas?

LOUISE. Mais pourquoi me regardez-vous ainsi, vous, si menaçant tout à l'heure?... pourquoi me serrez-vous dans vos bras, vous, qui vouliez me tuer?

CRÈVECŒUR. Pourquoi... ah! je ne peux pas te dire... j'étouffe... je ne peux pas parler... l'émotion... la joie... le bonheur... Ta mère !... elle !... ta mère !... mais c'était ma femme, à moi !

LOUISE Grand dieu !... vous êtes donc...

CRÈVECŒUR. Jérôme !... Jérôme Hubert !

LOUISE. Mon père !... mon père !...

Elle se jette dans ses bras.

CRÈVECŒUR. Ah ! ce mot-là, c'est la première fois... ce mot-là me soulage ; tiens, tiens... je puis respirer... je pleure... je ne souffre plus... je pleure... je suis heureux !... mon enfant, ma fille !.. (*Il l'embrasse.*) C'est elle !... elle que ma pauvre Marie portait dans son sein quand je suis parti... Oh ! mon Dieu !... (*se jetant à genoux*) oh ! mon Dieu !... il y a quinze ans... quinze ans que je ne vous ai prié, et pourtant vous avez eu pitié de moi, vous me rendez ma fille ! Oh ! vous êtes grand et bon... vous êtes miséricordieux, Seigneur !

LOUISE. Ah ! nous ne nous quitterons plus, n'est-ce pas ?

CRÈVECŒUR. Oh ! non, non, jamais ; tu me parleras souvent de ta pauvre mère !...

LOUISE. Qui m'apprenait à vous chérir... qui vous bénissait en mourant.

CRÈVECŒUR. Ah ! c'est qu'elle savait bien, elle... que je n'étais pas coupable.

LOUISE. Oui, mon père !... oui, elle le savait, car s'ils ont attenté à sa vie, les misérables, s'ils l'ont tuée, c'est qu'elle avait enfin entre les mains la preuve de votre innocence.

CRÈVECŒUR. Les preuves ?...

LOUISE. C'est qu'elle avait découvert le nom du vrai coupable... le nom de François Renaud.

CRÈVECŒUR. François Renaud !... je ne le connais pas.

LOUISE. C'est lui qui avait commis ce vol dont vous étiez accusé... et quand ma mère, à force de peines et de recherches, allait faire éclater votre innocence... c'est encore lui, c'est lui qui l'a frappée.

CRÈVECŒUR. Et c'est pour moi qu'elle est morte. Oh ! cet homme... si je le trouve un jour...

LOUISE. Mais vous serez réhabilité, mon père. Moi, je vous ai cherché longtemps, bien longtemps ; je demandais au ciel de vous rendre à ma tendresse, et c'est quand je n'espérais plus qu'il nous a réunis.

CRÈVECŒUR. Et j'allais te tuer quand le ciel t'envoyait vers moi... Mais tu sais, tu l'as vu, n'est-ce pas, malgré ces mots terribles que tu as prononcés... je tremblais...

j'hésitais... je ne pouvais pas... non, je ne pouvais pas me venger... Oh ! c'est qu'il y avait une voix que j'entendais là... c'est que je t'aimais déjà... c'est que le sang parlait, vois-tu ?...

LOUISE. Mais qui donc m'avait accusée.

CRÈVECŒUR. Un homme appelé Montorgueil.

LOUISE. Montorgueil !

CRÈVECŒUR. L'infâme !... il voulait me faire tuer ma fille ! Oh ! malheur, malheur à lui !

LOUISE. Écoutez, j'entends marcher !

CRÈVECŒUR. Oui, on vient de ce côté.

LOUISE. Je ne me trompe pas... c'est lui !

CRÈVECŒUR. Lui ! ton assassin ; il vient s'assurer de ta mort ! c'est bien. (*Il ramasse le couteau.*) Éloigne-toi !

LOUISE. Qu'allez-vous faire ?

CRÈVECŒUR. Éloigne-toi, te dis-je !

Il la repousse et va au-devant de Montorgueil

SCENE IV.

LES MÊMES, MONTORGUEIL.

CRÈVECŒUR. Ah !

MONTORGUEIL. Eh bien, tout est-il fini ?

CRÈVECŒUR. Pas encore, car il me reste à faire justice, et je vais vous tuer.

Il le prend à la gorge.

MONTORGUEIL. Me tuer... mais pourquoi ?

LOUISE. Grand Dieu ! mon père !

CRÈVECŒUR. Laisse-moi !... Pourquoi, tu le demanderas à Dieu quand il va te juger.

LOUISE. Mon père !!

CRÈVECŒUR. Laisse-moi, te dis-je !!

MONTORGUEIL, *sortant un pistolet de son habit.* Prends garde, insensé ! je suis armé.

CRÈVECŒUR. Mais viens donc, viens donc, misérable !

Ils disparaissent dans la cabane, dont la porte se referme.

LOUISE, *s'élançant vers la porte.* Arrêtez !... mon père !... au secours !... arrêtez !... (*On entend un coup de pistolet, Louise tombe à genoux.*) Mon Dieu, m'avez-vous déjà repris mon père ?

ACTE CINQUIEME.

Sur les buttes Montmartre. A droite la grille d'une maison bourgeoise.

SCÈNE PREMIÈRE.

POPLARD, CHALUMEAU, PLURE D'OI-GNON, BOHÉMIENS.

Ils regardent de tous côtés.

CHALUMEAU. Eh bien, Poplard?

POPLARD. Je ne vois plus rien.

CHALUMEAU. Et toi, Plure d'Oignon?

PLURE D'OIGNON. Rien du tout!

POPLARD. Ouf, respirons alors! (*Tous redescendent la scène.*) C'est donc une existence ça! plus moyen de vivre à sa guise, sans craindre les sergents de ville où les municipaux!

CHALUMEAU. Qu'est-ce que nous allons devenir, je vous le demande? on nous ramasse à la Halle, on nous ramasse aux Champs-Elysées, on fait des rondes majores à l'estam... et des râfles générales sous les ponts.

PLURE D'OIGNON. Comment! dans ce grand Paris que v'là là-bas, il n'y a plus une petite place pour nous?

POPLARD. Il ne restait que les carrières Montmartre où on pouvait dormir à son aise, et voilà qu'on nous y pourchasse.

PLURE D'OIGNON. C'est fini, nous sommes traqués comme des bêtes *chauves*.

CHALUMEAU. Avec ça que la correctionnelle ne badine pas... il suffit qu'on soit sans asile pour qu'on vous traite comme des vagabonds.

PLURE D'OIGNON. Et la cour d'assises donc!

POPLARD. La cour d'assises? nous n'avons pas affaire dans ce quartier-là, merci!... nous sommes tous flâneurs, tous loupeurs, mais v'là tout.

PLURE D'OIGNON. Oui, on lâche l'atelier qui vous embête; on se dit : Y a pas de mal à louper. C'est comme ça que ça commence, et puis après... on rencontre un gredin de Montorgueil, ou autre, qui vous endort, qui vous séduit, qui vous entraîne, et on se réveille à Rochefort ou à Toulon; c'est comme ça que ça finit.

CHALUMEAU. Merci; je compte bien ne pas aller jusque-là... et si je peux m'en tirer, je retourne à ma fabrique...

POPLARD. T'avais donc un état honnête?

CHALUMEAU. Et un bien chouette encore; je faisais des têtes d'épingles... et je fabriquais des queues de boutons.

POPLARD. Et t'as pu lâcher ça?

PLURE D'OIGNON *regardant au fond*. Qu'est-ce que c'est que ça?... j'aperçois des chapeaux à cornes.

TOUS. Filons not' nœud.

PLURE D'OIGNON. Séparons-nous les uns sur Clichy les autres sur Clignancourt et Saint-Denis.

TOUS. Partons!

Ils sortent par le fond.

SCENE II.

LOUISE, *sortant par la grille de droite, puis* ARTHÉMISE.

LOUISE. Arthémise n'arrive pas... je suis d'une inquiétude... Depuis que mon pauvre père blessé a été recueilli dans cette maison, je n'ai pu le quitter un instant, et je suis sans nouvelles de Paul et de son frère. Arthémise et son mari auraient seuls pu s'informer d'eux... Je leur ai écrit de venir; et ils devraient être arrivés... peut-être dans mon trouble ai-je mal expliqué où se trouve située cette maison. Mais je ne me trompe pas... on vient de ce côté... c'est elle... c'est Arthémise!

ARTHÉMISE, *entrant*. Moi-même pour vous servir!

LOUISE. Vous êtes seule?

ARTHÉMISE. Trop seule, hélas! j'ai perdu mon mari.

LOUISE. Perdu!

ARTHÉMISE. Je m'étais d'abord flattée qu'il n'était qu'égaré, mais pas du tout, malgré toutes nos recherches, impossible de remettre la main dessus... Oui, ma chère, oui, perdu!... un mari d'hier, un mari toutneuf! (*pleurant*) un mari que je croyais mener comme j'aurais voulu, et qui reste vingt-quatre heures sans rentrer, et qui s'avise de me laisser veuve... juste le lendemain des noces. Ah! si c'est comme ça que je goûte les douceurs de l'hyménée... j'aurais bien mieux fait de coiffer sainte Catherine.

LOUISE. Allons, tranquillisez-vous, il reviendra... Mais, dites-moi, n'avez-vous rien appris?

ARTHÉMISE. Des deux frères Didier.... Pas grand'chose, si ce n'est que ce matin M. Paul est parti en voiture, avec un beau

monsieur, ce qui m'a fait supposer que c'é-
tait son frère.

LOUISE. Non, car depuis trois jours
Charles n'est pas rentré chez lui, et personne ne l'a revu.

ARTHÉMISE. Ah! bah! lui aussi? mais il y
a donc un sort pour la perte des hommes!

LOUISE. Silence! voici mon père; ne l'af-
fligeons pas... qu'il ignore du moins combien
je suis malheureuse!

ARTHÉMISE. Ce pauvre monsieur l'Abruti,
qu'est-ce qu'aurait jamais cru que c'était lui
qui était...

LOUISE. Chut!

SCÈNE III.

LES MÊMES, CRÈVECŒUR, *mis plus pro-
prement et le bras en écharpe.*

CRÈVECŒUR. Ah! te voilà!... te voilà!...
je te cherchais partout.

ARTHÉMISE. Tiens, quel changement! il
ne se ressemble plus.

LOUISE. Je croyais que vous reposiez encore, mon père.

CRÈVECŒUR. Non, non; mais quand je ne
te vois pas, quand je n'ai pas ma fille, là,
auprès de moi, je suis tout troublé, tout in-
quiet... j'ai toujours peur que mon bonheur
ne soit qu'un rêve: il faut que je te voie,
que je te parle, que je t'entende, pour être
bien sûr que je t'ai retrouvée.

ARTHÉMISE. Ah! dame, c'est que vous
avez été fièrement longtemps privé d'elle.

CRÈVECŒUR. Oh! oui, trop longtemps...
je ne suis pas encore fait aux nouvelles joies
de mon cœur! et je vois bien que quelquefois on se moque un petit peu de moi dans
cette maison de braves gens où on m'a recueilli.

LOUISE. De vous, mon père?

CRÈVECŒUR. Eh oui! oui... parce que je
te suis partout comme un enfant, parce
que je te dévore des yeux, parce que je
répète à chaque instant: Ma fille, ma fille!
ça les étonne; ils croient que c'est un peu de
folie; il n'y a que nous deux qui sachions
que c'est beaucoup de bonheur.

ARTHÉMISE, *émue.* Pauvre vieux! Ah tenez,
père Crèvecœur, embrassez-moi; vous êtes
un brave homme de l'aimer comme ça; et il
faut vous moquer de ceux qui se moquent de
vous.

CRÈVECŒUR. Oh! je ne leur en veux
pas... je me dis tout bas: Qu'est-ce ça me
fait?... j'ai ma fille..... Ah! si vous saviez
l'effet que je ressens là, quand je me dis ça
tout bas!... c'est ma pensée de tous les instants! la nuit même, quand je m'éveille,

je cherche bien vite sous ma tête ces papiers
qu'elle m'a remis: les preuves de mon innocence, et la dernière lettre de sa pauvre
mère; je les porte à mes lèvres, je les embrasse en pleurant de joie, de bonheur, et
je me dis: C'est vrai... c'est bien vrai... j'ai
ma fille!

LOUISE. Mon bon père, pourquoi le ciel
ne nous a-t-il pas réunis plus tôt?

CRÈVECŒUR. Bah! nous avons encore le
temps d'être heureux, je me sens rajeuni de
dix ans.

ARTHÉMISE. C'est vrai, vous n'êtes plus le
même du tout.

CRÈVECŒUR. N'est-ce pas?... grâce à ce
digne homme qui m'a fait soigner... Mais je
m'acquitterai envers lui; je vais reprendre
mon ancien état... je vais travailler pour toi, va.

ARTHÉMISE. Et vous ne boirez plus d'eau-
de-vie?

CRÈVECŒUR. Jamais: pourquoi faire à
présent? Je n'ai plus besoin d'oublier... Ah!
à propos, ma fille, qu'est-ce que tu voulais
me dire?

LOUISE. Mon père, il faut que j'aille à
Paris... pour... pour une affaire.

CRÈVECŒUR. Je ne te demande pas pourquoi... il faut que tu ailles à Paris... nous
irons à Paris.

LOUISE. Vous! mais c'est impossible; et
votre blessure?

CRÈVECŒUR. Elle me ferait bien plus souffrir loin de toi. C'est dit, nous irons ensemble.

ARTHÉMISE. D'ailleurs, on peut prendre
une voiture.

CRÈVECŒUR. C'est ça, nous partirons dès
que nous aurons prévenu et remercié le brave
propriétaire de cette maison... et ça ne tar-
dera pas... car le voilà.

SCÈNE IV.

LES MÊMES, DESROSIERS.

DESROSIERS. Comment! tout le monde
dehors déjà!

CRÈVECŒUR. Oui, nous prenions un peu
l'air, et nous parlions de vous.

DESROSIERS. De moi?

LOUISE. Oui, monsieur, de vous, si géné-
reux et si bon, de vous, sans qui mon père
serait peut-être mort, et qui avez été notre
providence.

DESROSIERS. Allons donc! ce que j'ai fait,
tout le monde l'aurait fait à ma place. Je venais d'acheter cette petite maison de campagne, et en m'y rendant le soir j'entends les
cris de cette pauvre enfant... Je fouette mon
cheval; j'arrive au moment où un homme

venait de s'enfuir..... Je trouve mademoiselle évanouie, et vous blessé !... nous vous transportons, mon domestique et moi, dans le cabriolet, nous montons jusqu'ici, et grâce aux soins du docteur, vous êtes entièrement rétabli.

ARTHÉMISE. Ah ! c'est très-bien ! très-bien !

DESROSIERS. Quelle est cette demoiselle ?

ARTHÉMISE. Je ne suis plus demoiselle, monsieur. Ah ça, voyons... partons-nous pour Paris ?...

DESROSIERS. Comment ! mon brave, vous songez à me quitter ? j'aurais voulu que votre départ fût retardé jusqu'après la noce de ma petite Jenny.

CRÈVECOEUR. Ah ! vous mariez votre enfant... vous ?

DESROSIERS. Le contrat se signe aujourd'hui.

LOUISE. Une noce, une fête... ce n'est pas la place de pauvres gens comme nous.

CRÈVECOEUR. Oui, c'est vrai. (*Bas à Desrosiers.*) Seulement, monsieur, avant de partir, j'aurais quelque chose à vous demander.

DESROSIERS. Dites, ne vous gênez pas !

CRÈVECOEUR. Je voulais vous demander votre nom ?

DESROSIERS. Mon nom !

CRÈVECOEUR. Le nom de notre bienfaiteur, il faut au moins que nous le sachions pour le mettre dans nos prières.

DESROSIERS. Je m'appelle Desrosiers.

CRÈVECOEUR, *avec force.* Grand Dieu !

LOUISE. Qu'avez-vous donc, mon père ?

CRÈVECOEUR. C'est... c'est ma blessure qui me fait un peu souffrir ; et je crois que tu as raison, il faudra que tu ailles à Paris sans moi.

LOUISE, *inquiète.* Votre blessure !

CRÈVECOEUR. Oh ! ça ne sera rien.

ARTHÉMISE. Et d'ailleurs nous serons bientôt revenues.

CRÈVECOEUR, *bas à Desrosiers.* Monsieur, il faut que je vous parle !... que je vous parle seul.

DESROSIERS. Ah ! bah ! eh bien, chez moi tout à l'heure.

UN DOMESTIQUE. Le notaire attend monsieur.

DESROSIERS. Mon notaire ? j'y vais... (*Bas à Crèvecœur.*) Dans un quart d'heure je suis à vous.

CRÈVECOEUR. Dans un quart d'heure ! bien. Adieu, mon enfant ; ne sois pas trop longtemps. (*A Desrosiers.*) A tout à l'heure, monsieur. (*A sa fille.*) A bientôt !

LOUISE. A bientôt, mon père, à bientôt !

Elle s'éloigne avec Arthémise.

SCÈNE V.

CRÈVECOEUR, *seul.*

Desrosiers ! et il a une fille ! une fille qu'il marie ! Oh ! j'en suis sûr, c'est bien ce nom-là que j'ai entendu le jour où ma Louise avait voulu mourir ; ce même jour où on est venu lui annoncer que Paul Didier en épousait une autre, la fille de Desrosiers... Et j'allais partir avec Louise, et tout était fini peut-être !... Oh ! c'est le ciel qui a voulu que je sois recueilli par lui, c'est le ciel qui m'a inspiré la pensée de lui demander son nom.

MONTORGUEIL, *en dehors.* Par ici, par ici, te dis-je !

CRÈVECOEUR. Cette voix... je la connais.. Montorgueil... Paul est avec lui... il le conduit ici... Je ne me trompe pas... l'infâme Montorgueil voulait faire tuer ma pauvre Louise pour qu'elle ne soit pas un obstacle à ce mariage !

MONTORGUEIL, *au fond.* Mais arrive donc.. arrive donc !

CRÈVECOEUR. Et maintenant ils viennent accomplir leur projet. Ils me trouveront sur leur chemin !

Il entre chez Desrosiers.

SCÈNE VI.

MONTORGUEIL, PAUL.

MONTORGUEIL. C'est ici, nous sommes arrivés.

PAUL. Et c'est ici, alors, que vous allez me rendre mon frère.

MONTORGUEIL. Ton frère !... ton frère

PAUL. Souvenez-vous que je ne vous ai suivi que parce que vous m'avez juré de me dire où il est.

MONTORGUEIL. Et si je ne le savais pas !

PAUL. Pourquoi m'auriez-vous amené ici ? Que viendrions-nous faire dans cette maison ?

MONTORGUEIL. Cette maison appartient à Desrosiers..

PAUL. Encore ce nom ! encore vos projets de fortune, de mariage et de trahison ! Mais vous savez bien que je n'en veux plus, moi ! et ne voyez-vous pas que je n'ai plus qu'une seule pensée, qu'un seul désir... retrouver Charles... Charles, qui venait à moi pour me tendre la main ? Charles, qui m'a rendu à l'honneur, à moi-même ? Charles

---

Paris. — Imprimerie de DUBUISSON, rue Coq Héron, 5.